中国传统节日的文化价值研究

梁起峰 著

北京工业大学出版社

图书在版编目（CIP）数据

中国传统节日的文化价值研究 / 梁起峰著．— 北京：
北京工业大学出版社，2021.9
ISBN 978-7-5639-8138-0

Ⅰ．①中… Ⅱ．①梁… Ⅲ．①节日－风俗习惯－文化
研究－中国 Ⅳ．① K892.1

中国版本图书馆 CIP 数据核字（2021）第 201538 号

中国传统节日的文化价值研究
ZHONGGUO CHUANTONG JIERI DE WENHUA JIAZHI YANJIU

著　　者：梁起峰
责任编辑：刘　蕊
封面设计：知更壹点
出版发行：北京工业大学出版社
　　　　　（北京市朝阳区平乐园 100 号　邮编：100124）
　　　　　010-67391722（传真）　bgdcbs@sina.com
经销单位：全国各地新华书店
承印单位：三河市腾飞印务有限公司
开　　本：710 毫米 ×1000 毫米　1/16
印　　张：11
字　　数：220 千字
版　　次：2023 年 4 月第 1 版
印　　次：2023 年 4 月第 1 次印刷
标准书号：ISBN 978-7-5639-8138-0
定　　价：60.00 元

作者简介

梁起峰，女，1987年11月出生，山西省太原市人。毕业于四川大学，硕士研究生学历，现于晋中学院任讲师。研究方向：民俗学。主持校级科研项目两项，参与并完成山西省高校哲学社会科学一般项目一项，参与山西省高等学校人文社会科学重点研究基地项目一项，参与教育部人文社会科学研究一般项目一项，发表学术论文八篇。

前　　言

中国传统节日承载着中华民族的思想精华和文化血脉，蕴含着丰富的人文精神和浓厚的伦理观念，是中华民族文化遗产的重要组成部分。弘扬中国传统节日文化，对于确立我国民众文化身份、树立文化自信、加强文化认同、形成文化强国的文化号召力和凝聚力有着重要作用。

传统节日传承数千年，源远流长，它以寓教于乐和潜移默化的方式向人们展示了中华民族的精神世界和中国人对美好生活的向往与追求，是弘扬中华民族优秀传统文化的重要载体。从现代社会的角度和理念来挖掘传统节日文化的内涵和当代价值，发挥和拓展其社会功能，强化其社会凝聚力，对传承优秀传统文化、增强民族凝聚力、提升国家软实力意义非凡。推动传统节日与时代的融合、"与时俱进"，是传承中华民族优秀传统文化和当代文化创新的必然要求，也是维护和保障中华民族文化与生活方式多样化的必然选择。然而，近年来，传统节日文化氛围在国内呈现淡化的趋势，市场化痕迹加重，民众的参与热情逐渐降低。如何将现代因素融入传统节日中，发挥和拓展传统节日文化的内涵和社会功能，是一个现实的问题。

本专著为晋中学院 2016 年博士基金项目"文化空间视野下传统节日的传承与保护"（项目编号：bsjj2016206）的研究成果。本书介绍了中国传统节日的概念和意义等基本内容，深入探索了中国传统节日的文化内涵和时代价值，分析了中国传统节日文化的传承与创新路径，并对其中蕴含的民俗文化价值进行挖掘，提出了自己的建议，最后对民俗文化视角下中国传统节日的法定化进行了深入探究，旨在为建设有中国特色的社会主义文化贡献力量，同时为传统节日的文化研究工作提供参考。

为了使本书的内容更加丰富和完善，笔者在写作过程中参考并引用了大量的文献资料和研究成果，在此向有关专家、学者表示由衷的感谢。由于笔者水平有限，书中难免会有不足之处，敬请各位专家和读者提出宝贵意见！

目　　录

第一章　中国传统节日概述

中国传统节日凝结着中华民族的民族精神和民族情感，承载着中华民族的文化血脉和思想精华，是中华民族相互认同的文化符号和共有的精神家园，是维系国家民族团结和社会和谐的不可或缺的精神纽带，也是建设社会主义先进文化的宝贵资源。经过历史变迁，一些传统节日逐渐淡出人们的视线，甚至近乎消失在历史的长河当中；一些节日则吸收了各时代的精华，以其独特的内涵与创新发展的魅力深受人们的喜爱，并传承至今。本章主要从中国传统节日的概念及演变过程、中国传统节日的类型与特征及中国传统节日的重要意义等方面展开论述。

第一节　中国传统节日的概念及演变过程

一、中国传统节日的内涵

（一）节日

生活中值得纪念的重要日子即节日。节日是世界民俗文化的重要组成部分，是世界人民为适应生产生活需要而共同创造的一种民俗文化，每一个国家和地区都有自己专属的节日。有些节日源于传统习俗，如中国的春节、清明节、重阳节、中秋节等；有些节日源于宗教信仰，如源自基督教的圣诞节、感恩节等；还有一些节日源于对某个人或某个事件的纪念，如中国的端午节、寒食节等；另有国际组织提倡的指定节日，如国际劳动节、国际妇女节等。

中华人民共和国的节日包括农历传统节日、公历节日、纪念日与少数民族节日，另外，还有主题节日（主题日）。节的原意是物体段与段之间连接的地方，有交集和界限之意。由这一基本含义衍生的习俗之佳日则是中国传统节日中的节日之意，是一个被选择为不同于普通日子的"时令化了的日子"。

（二）传统节日

传统节日是一个国家或民族的历史文化经过长期的积淀、凝聚而形成的，有着深厚的历史渊源和特殊的民俗活动的特定日子。庆祝传统节日，是民族文化的集中展示，也是民族情感的集中表达。每一个国家、每一个民族都有自己独特的文化，传统节日是民族文化的重要表现形式。通过各民族人民对传统节日的庆祝仪式和民俗活动，我们可以领略到不同民族文化的韵味。历史唯物主义认为，经济基础决定上层建筑，上层建筑反作用于经济基础。传统节日作为民族文化的重要遗产，属于上层建筑的范畴，所以，传统节日的起源和传承是由与其同时期的社会经济决定的。传统节日植根于人们的生活中，它的形成与发展有着深远的历史根源，它是人类社会发展到一定阶段的产物，是中华民族精神和情感的重要载体。

（三）中国传统节日

中国传统节日是一个约定俗成的称谓，是民众年度时间生活的重要段落标志，更是民众在感知时间的基础上建立起来的文化与社会秩序。今天被我们称为中国传统节日的节日，既包括占人口绝大多数的汉族的传统节日，也包括藏族、蒙族、回族、羌族等其他少数民族的传统节日；既指普国共度的节日，也有地方性的节日。因此，本书伊始，笔者首先界定本书的研究对象为中国传统节日的范畴。其具体分为以下三个方面。

第一，本书的中国传统节日已经成为国家法定假日的"四大传统节日"——春节、清明节、端午节、中秋节为主，同时少量涉及相继被列为"国家级非物质文化遗产"项目的元宵节、七夕节、中元节和重阳节等重要的传统节日。

第二，鉴于论述问题的需要，除了少数民族地区也共享的上述节日外，本书基本上不再专门探讨少数民族所特有的其他传统节日。

第三，立春、冬至、腊八节、二月二等传统节日，也不是本书研究的主要对象。

二、中国传统节日的起源及发展历程

（一）传统节日的起源

传统节日是与天时周期性转换相适应的、人们约定成俗的、具有民俗文化意义的特定节日。传统节日的起源是多方面的，原始社会的自然崇拜、氏族部落的图腾信仰，以及后来形成的人神崇拜等都是传统节日形成的文化心理因素。

1. 与农业生产密切相关

在距今六七千年的仰韶文化时期，原始农业就已出现。古人从事农事需要把握时间，从结绳记事到天干地支纪年，再到汉武帝颁布《太初历》（图1-1-1），人们在认识自然的过程中确定了二十四节气，节气为节日的产生提供了前提条件。例如，清明既是节气也是节日。

图1-1-1　太初历

中国最早的传统节日来源于季节气候，季节气候的变化决定了我国古代的纪年方式。我国古代的纪年方式主要有两种：一是以皇帝的年号纪年；二是以农历历法纪年，这种纪年方式一直沿用至今，在日常生活中被俗称为阴历纪年方式。这种纪年方式源于春秋战国时期，古人为更科学地安排农事，根据太阳和月亮的运行周期制定了二十四节气。我国最早的传统节日就以季节气候为基础，把两个节气相交的日期定为节日。在二十四节气中，立春、立夏、立秋、立冬、春分、夏至、秋分、冬至成为最早的节日，这八个节日表示出一年四季的变化。农民习惯于按照节气时令的变化来安排农事。因此，我国传统节日客观地反映了我国古代农业为主体的生产生活方式。我国的法定节假日——春节、清明节、端午节、中秋节就是在节气变化的基础上发展和演变而来的。

2. 与古代祭祀活动密切相关

中国传统节日从其内容上讲，有许多节日当中都含有祭祀、祭祖、祭奠类的仪式活动，表达了人们在节日气氛里不忘祖辈的辛勤劳作，是中国人民历来崇尚孝道、尊崇礼仪、知恩感恩的一种优秀特质。祭祀是华夏礼典的一部分，更是儒教礼仪中最重要的部分，礼有五经，莫重于祭，是以事神致福。祭祀对象分为天神、地祇、人鬼。天神称祀，地祇称祭，宗庙称享。也有一些传统节日的产生，源自某些古代传承下来的祭祀类活动。

3. 与各民族多元文化发展有关

我国各民族文化的发展为传统节日的形成和发展奠定了基础。我国幅员辽阔、人口众多，有56个民族，其中，55个民族是少数民族。各少数民族文化的发展为传统文化的发展贡献了力量。各少数民族在保留自身文化特色的基础上，多次实现了与汉族文化的交往和融合，形成了各具特色的民族传统文化。逐步发展而成的少数民族的民俗节日一直沿用至今且影响深远，形成了很多少数民族的节日。例如，中国各少数民族的新年节日：纳西族、白族、阿昌族的"火把节"（图1-1-2），傈僳族的"刀杆节"，仡佬族的"拜树节"，广西壮族和海南黎族的农历三月三等纪念性节日；侗族的"迎春牛节"，农历四月初八壮族、土家族、布依族等的"牛王节"等庆祝丰收的节日；白族的"三月节"，傣族、布朗族、德昂族等民族的"泼水节"（图1-1-3）等宗教性节日。各少数民族所共有的传统节日，在节日节庆仪式、主旨和内涵等方面各具特色，但是都表达了人们对美好生活的向往和追求。

图1-1-2　火把节

图 1-1-3　泼水节

4.与民间传说故事密切相关

很多中国传统节日来源于民间传说故事，经过人们的口口相传，形成了具有特殊纪念意义的中国传统节日。这些民间传说往往夹杂着神话色彩，它们的产生主要是由于古代社会生产力发展水平尚未成熟，人们无法通过科学方法解释自然现象，只能利用个人对自然界的主观认识，来进行主观推测。在解释风、雨、雾、雪等天气现象和地震、洪水、雪灾、泥石流等自然灾害时，往往加入了神话色彩。因此，中国传统节日中的民间传说既包含着祈求风调雨顺、期盼家庭和睦、生活富足安康的美好愿望，也包含着关于神灵的传说。夹杂着民间传说的中国传统节日不胜枚举：春节的除夕传说；二月初二龙抬头的传说；七月初七七夕节的牛郎织女鹊桥相会的传说；中秋节的"嫦娥奔月"（图 1-1-4）的传说等。

图 1-1-4　嫦娥奔月

5. 与月亮的圆缺也有密切联系

在远古时期，人们通过观察太阳、月亮认识世界。太阳每天东升西落，但由于太阳光比较刺眼，人们很少观赏；月亮有升有落，有圆有缺，并且光线柔和，成为人们反复观赏的对象，于是在岁的周期中有了月的概念。古人把每月的第一天称为朔日，把月亮最圆的时候称为望日。一些节日就被定在朔日、望日，如春节、元宵节、中秋节。

此外，重叠数字也影响着传统节日的形成。古人认为一月初一、七月初七、九月初九是吉祥的日子，在这一天要祭拜、庆祝，分别形成春节、七夕节、重阳节。五月初五是恶月恶日，这一天要驱鬼辟邪才能保证全家安康。

（二）传统节日的发展历程

唯物史观认为，社会意识随着社会存在的发展而发展，同时，社会意识又具有历史继承性，作为精神生产的最终产品，社会意识都与它以前取得的成果有着继承的关系。艺术家、科学家、哲学家都要利用和改造前人的思想资料，汲取其中有价值的东西，同时把符合时代要求的新东西加进去，以创造出不同于以往的新的精神产品来。

传统节日的形成过程，是一个民族或国家的历史文化长期积淀凝聚的过程，深受当时社会经济、政治、文化等多种因素的影响。传统节日是一个能动的文化因子，节日虽有固定的时间，但它的内容却处于不断发展和变化之中。同样，中国传统节日的形成也并不是偶然的，它是中国社会发展到一定历史阶段的产物，经历了一个漫长的前后相继的历史发展过程。大体上来说，中国传统节日主要经历了七个发展时期。

1. 先秦发生期

秦朝以前还没有完全成型的节日，一些节日只是初露端倪，是传统节日的孕育时期。《诗经·小雅·吉日》曰："吉日庚午，既差我马。"意思是，庚午吉日时辰好，打猎马匹已选齐。因此，就节日风俗而言，许多节日元素早在远古时代已经出现了萌芽。流传至今的春节、上巳节、端午节、中秋节、冬至等节日元素，在先秦时代大部分已经形成，但当时的节日比较少，内容不够丰富，时间也不那么固定。节日习俗大多建立在原始崇拜基础上，信仰色彩浓厚。同时，节日大多是一些需要防范、禁忌的日子，如春节避山魈恶鬼、上巳节禊祓、端午节划龙舟等。

2. 汉代定型期

汉代时，中国的主要节日如除夕、元宵节、清明节、端午节、七夕节、重阳节等都已基本定型，并且得到宫廷和民间的认同。一些历史人物如屈原、介子推等成为某些节日的纪念人物，增强了节俗的人情味和真实感。

据《汉书·艺文志》记载，至汉代，中国的主要节日如元旦、除夕、元宵节、上巳节、寒食节、端午节、七夕节、重阳节等都已基本定型。一方面，一些历史人物如屈原、介子推等成为某些节日的纪念人物，取代了原始崇拜和信仰，增强了节俗的人情味和真实感；另一方面，在节俗自身的发展中，一些风俗上升为礼俗，一些礼俗变为风俗，风俗和礼俗融为一体，被人们约定俗成地接受并沿袭下来。形成这一局面的原因是：首先，汉代大一统局面的出现，促进了各地区风俗的融合，先秦时期的荆楚文化圈、巴蜀文化圈、吴越文化圈、齐鲁文化圈、秦文化圈等，到汉代逐渐融为一体，强有力的国家政权对节日风俗的统一起了重要的促进作用。其次，汉代节日定型与当时科学的发展有密切关系，尤其是"太初历"确立了以农历建寅月为岁首的历法，打破了先秦时代的原始崇拜信仰，为节日风俗注入了新的活力和生机。此外，汉代儒家独尊地位确立以后，儒家伦理道德观念对节日风俗也产生了深远的影响。今天，许多节日礼俗大多可以在汉代找到源头。

3. 魏晋南北朝融合期

魏晋南北朝时期的民族大迁徙、大融合，推动了民族文化的大交流，促进了节日文化的融合与发展。宗教信仰与节日相结合，使节日更加深入人心；节日习俗受魏晋玄学的影响，出现了曲水流觞、登高宴饮等娱乐、享乐倾向。

这种融合与发展主要来自三个方面的推动力：一是北方游牧民族入主中原，带来了节俗文化中那些杂技游艺成分，如骑射、蹴鞠等。二是宗教信仰与节日相结合，使节日更加深入人心，推动了节日的传播和发展。道教讲究阴阳，以奇数为阳，节日中多取奇数，为吉利的象征，如一月初一、三月初三、五月初五、七月初七、九月初九。五月初五又叫天中节，体现阴阳均衡之意。十二月初八"腊八节"，佛教谓之佛祖成道日，制粥舍众，此传说传到民间以后，形成了吃腊八粥的习俗。三是魏晋玄学和清谈之风对节俗的影响，主要表现在宴饮游乐方面，如高谈饮乐、诗酒风流等，为这一时期的节日风俗增加了新的内容。

4. 唐宋高峰期

唐宋社会经济、文化的繁荣，促使民俗节日从祭祀迷信的神秘气氛中解脱出来，向着礼仪性、娱乐性发展，演变成为真正的良辰佳节。春节放爆竹原是一种驱鬼手段，此时变成了欢乐的象征；元宵节祭神灯火变成了游艺观灯活动；中秋节祭月变成了赏月；重阳节由登高避灾演变为秋游赏菊。在节日风俗的演

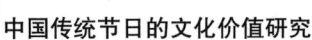

变中，还增添了许多文化娱乐活动，如放风筝、拔河等。节日内容日益丰富多彩，把节日民俗活动推向了高峰。

5. 元明清稳定期

元明清时期，融合了蒙满等民族的游牧文化，体育竞技活动增多，节日习俗更丰富，更加讲究礼仪性和应酬性。这一时期的节日风俗出现了三种变化：一是更加讲究礼仪性和应酬性。例如，逢年过节，人们出于礼尚往来而互相拜访送礼。二是明代资本主义萌芽出现以后，一些以小农经济为基础的节日风俗（如祭土地神习俗）逐渐被人们漠视，已不像先前那样受到重视。三是游乐性继续发展，如元宵节观灯，明代由宋代的5天增加到10天，昼市夜灯，热闹异常。满清入关以后，又增加了舞狮、舞龙、旱船、高跷、秧歌、腰鼓等"百戏"活动。但总体来说，这一时期的节日风俗没有太大的变化，保持了较为稳定的延续性。

6. 近代时期

鸦片战争爆发后，西方列强侵占中国领土，在中国扩大势力范围。与此同时，西方人采取文化侵略政策，将西方的文化带到中国。西方节日的娱乐化特点为中国传统节日注入了新的活力。例如，元宵节人们开始放灯；清明节可以郊游、放风筝。

辛亥革命时期，封建思想受到冲击，中国传统节日受到压制，传统节日礼俗越来越淡。春节时，人们改拱手礼为互送卡片；元宵节时，改花灯为电灯；端午节时，不再赛龙舟，而是举办体育比赛和新游戏。甚至在节日期间，吃西餐、喝洋酒也成为上流社会的时尚。传统节日在此时期注入了西方元素，许多封建元素已经消失殆尽。

7. 中华人民共和国成立后传统节日的曲折发展与传承创新

中华人民共和国成立后，传统节日经历了改革开放前后两个不同时期的发展。改革开放前，由于"文化大革命"的十年，所有传统的东西一度被否定，包括传统节日在内的中国传统文化遭到了严重的摧残和打击。改革开放后，解放思想，实事求是，拨乱反正，传统节日文化逐渐得到了恢复和肯定。特别是进入改革开放新阶段以后，传统节日的发展进一步得到传承和创新，剔除了传统节日中许多消极迷信的因素，增添了许多与时代发展相适应的新的元素，同时在多元文化相互交流碰撞的过程中吸纳了许多优秀的外来文化元素，使传统节日焕发出新的时代光芒。

同时，国家政府将春节等传统民俗节日列入了非物质文化遗产保护名录，加强了对传统节日的保护力度。特别是2007年修改后的《全国年节及纪念日放假办法》明确规定，将春节、清明节、端午节、中秋节等传统节日设定为国家法定假日，传统节日休假制度化使传统节日的保护和发展具有了法制保障。

第二节 中国主要传统节日简介

中国传统节日凝结着中华民族的民族精神和民族情感，承载着中华民族的文化血脉和思想精华，是维系国家统一、民族团结和社会和谐的精神纽带，是建设社会主义先进文化的宝贵资源。习近平指出："我们要以更大的力度、更实的措施加快建设社会主义文化强国，培育和践行社会主义核心价值观，推动中华优秀传统文化创造性转化、创新性发展，让中华文明的影响力、凝聚力、感召力更加充分地展示出来。"传统节日作为传统文化的重要组成部分，具有不可替代的生命力、凝聚力和感染力，它们以各种民间仪式为基础，承载了中国人从古至今的美好愿望和生活期望。

中国的传统节日形式多样、内容丰富，是我们中华民族悠久历史文化的一个组成部分。汉族传统节日近 50 个，主要节日有元旦、除夕、春节、上元节（元宵节）、立春、寒食节、清明节、端午节、七夕节、中元节（鬼节）、中秋节、重阳节、冬至、腊八节、祭灶日（小年）。除此之外，每个地方还有地方和民族的特色。少数民族也有许多有特色的传统节日，如藏族的雪顿节、傣族的泼水节、彝族的火把节等。

尽管中国传统节日五彩缤纷，各少数民族节日异彩纷呈、独具魅力，但最具有广泛影响的还是春节、元宵节、清明节、端午节、中秋节、重阳节、冬至节等传统节日。可以说，中国传统节日不仅丰富多彩、各具特色，还积淀着中国人的伦理、信仰、情感、知识、经验和智慧，是人们日常生活中最精致、最具代表性的文化象征。本节选择具有代表性和文化社会意义的主要传统节日进行简要介绍。我们要充分了解主要传统节日的起源、习俗等，品味它们的价值。

一、春节

春节，也称为"年""过年"，是中国传统节日中最隆重、最热闹的节日。"年"的名称深刻地表达着我国古代农业社会人们对作物生长、丰收的祈盼，《说文解字》即释义为："年，谷熟也。"古代的春节，是指农历二十四个节气中的"立春"时节，将一年岁首的节庆称为"年"始于周朝，这一名称至汉代正式固定下来，一直到现在，民间俗称仍将春节称为"年"。南北朝以后将春节改在一年岁末，并泛指整个春季。民国初年改农历为公历后，将正月初一定为春节。1949年，正式把正月初一至正月十五的新年定为"春节"。

春节起源于上古时期的"腊祭"（图1-2-1），是神农氏时代"索鬼神而祭祀""合聚万物而索飨之"的年终祭祀习俗。其主要内容是用猎获的物品酬谢诸神，以祈祷来年的丰收和福祉。从《周礼》的记载中还可以看出，每逢腊祭，人们还要举行驱疫行傩的仪式，以被除不祥。1954年，山东沂南发现了一块汉墓画像石，内容就是驱疫行傩。

图1-2-1　腊祭

从广义上来讲，春节包含年前和年后两个时间段，年前辞旧除秽，年后迎新纳福。此外，春节是家族意识的集中体现，家族团圆是春节永恒的主题之一。春节习俗以祭祀、祈年为中心，以除旧布新、迎喜接福、祈求丰年等活动形式展开，内容丰富喜庆。在春节的继承和发展过程中，形成了一些相对固定的习俗，其中很多习俗，如办年货、扫尘、贴年红、压岁钱、拜年、舞龙舞狮、祈福、逛庙会、游锣鼓等流传至今。春节是集中华民族的伦理情感、行为准则、审美情趣、思维方式于一体的传统节日。

二、元宵节

每年农历正月十五是中国的元宵节，节日时间是农历第一个月圆之夜。正月是农历的元月，古人称夜为宵，所以称正月十五为元宵节。根据道教"三元"的说法，正月十五又称为上元节。

关于元宵节起源的说法有很多，但较可靠的是起源于汉代皇家在正月上辛日祭祀太一星——北极星。晋代已有元宵张灯的做法。隋代元宵节，"鸣鼓聒天，燎炬照地，人戴兽面，男为女服，倡优杂技，诡状异形"，发展为张灯结彩、锣鼓喧天的化装游行节日。唐代，元宵张灯习俗风靡于世，政府还专门开放夜禁三天，便于赏灯。宋代，元宵观灯更加兴盛，从十四延续到十八，而且燃放烟火。宋词之中，就有不少名作生动描写了这一情景。

元宵节有张灯、赏灯的习俗，民间一直有"灯节"之称。元宵节主要的民俗活动有赏花灯（图1-2-2）、吃汤圆、猜灯谜、放烟花。此外，不少地方的元宵节还融入了耍龙灯、耍狮子、踩高跷、划旱船、扭秧歌等趣味性的民间展演。

图 1-2-2　赏花灯

三、清明节

清明是二十四节气中的第五个节气，时间在冬至后的第107日，也就是春分后的第15日，每年大约在公历的4月5日前后。"清明"这一名称始于周代，但成为节气是在汉代。汉代以前，清明主要是指与农事活动关系密切的一个节令。后世成为清明重要习俗内容的祭祀活动，此时尚由另一民俗节日承载，即寒食节。

寒食节在清明节前一日或两日，"子推言避世，山火遂焚身。四海同寒食，千秋为一人。"唐代诗人卢象这首《寒食》诗说的就是寒食节的由来——"子推绵山焚身"的故事。春秋时期，出亡多年的晋公子重耳回国即位，即晋文公。即位后，晋文公即对追随其逃亡的臣子大加封赏，但是唯独漏掉了介子推（图1-2-3）。介子推在重耳流亡期间，曾经割下自己大腿上的肉和着野菜煮汤，来给饥饿的流亡公子重耳吃。可是因为介子推不言禄，晋文公也就忽视了他，没有给他封赏。介子推于是携老母隐居绵山（今山西省介休市东南20千米）。晋文公得知消息后，寻至绵山，找不到他，便想烧山逼他出来。但介子推不愿当官，坚持不出山，结果母子二人都被烧死。为了纪念介子推，晋文公立祠祭祀，并把烧山的这一天定为寒食节。这一天，全国要禁用烟火，只吃冷食。后来便形成了在这一天吃寒食、扫墓的风俗。而禁火冷食、扫墓及巫术性活动，就构成寒食节俗的特殊景观，这些节日风俗以后又逐渐成为清明节的活动。

图 1-2-3　介子推

宋朝孟元老撰《东京梦华录》中有关于清明节的习俗："寒食第三节，即清明日矣。凡新坟皆用此日拜扫。都城人出郊。"清明节的习俗概括为两大节令传统：一是崇敬祖先，慎终追远；二是踏青郊游，亲近大自然。祭祖一直是中国传统社会中人们生活的重要组成部分，清明节在中国传统岁时体系中占据着独特地位。

四、端午节

端午节是中国人熟悉的节日之一，端午节又称为端阳节，为每年的农历五月初五。

端午节是中华民族的四大传统节日之一，端午节作为农历五月初五的节名，始于魏晋时期。魏晋南北朝时期，端午节被赋予了纪念历史名人的新内容，但各地在端午节纪念的名人是有所不同的。据东汉蔡邕《琴操》中记载，山西地区的百姓以此日来纪念介子推。《曹娥碑》则记载吴地人民"五月五日，以迎伍君"，即投江而亡、化为波神的伍子胥。《后汉书》卷八十四《列女传》及《会稽典录》卷下又记载在会稽，端午节是纪念孝女曹娥（图1-2-4）的。《初学记》

卷四《岁时部》引谢承的《后汉书》记载，苍梧郡民俗则以此日纪念造福一方的地方官陈临……

图 1-2-4 孝女曹娥

其中，流传最广、影响最大的是纪念气节高尚的爱国诗人屈原（图 1-2-5）。屈原是战国时期楚国的大夫，胸怀大志娴于辞令，具有出色的外交才能。深得楚怀王的信任，在内与王图议国事，在外为专使，提倡"美政"。在宫廷中因遭到令尹子兰、上官大夫靳尚等的谗毁，渐渐被楚怀王疏远，后来被流放。楚怀王囚死于秦国，楚襄王继位，屈原继续受到迫害，被放逐到江南。公元前278年，秦将白起攻破了楚国国都郢，屈原的政治理想彻底破灭，五月投汨罗江自杀。以五月初五端午节为屈原纪念日的说法，最早见于南朝梁文学家吴均的《续齐谐记》和南朝梁著名学者宗懔的《荆楚岁时记》，端午节的许多风俗也与屈原巧妙地联系起来，如吃粽子、划龙舟等。自此，端午节的习俗就一直延续下来。

图 1-2-5 屈原

明代田汝成撰《西湖游览志馀》中，介绍了浙江地区的端午习俗："端午为天中节，人家包黍秫以为粽，束以五色彩丝。"端午节的习俗以祈福、辟邪等形式进行。祈求吉祥气氛的习俗主要有划龙舟、放纸龙等，压邪攘灾类习俗主要有挂艾草、洗草药水、拴五色彩线等，节日食品主要有粽子、"五黄"等。

五、七夕节

农历七月初七是七夕节。七夕节源于古人对自然天象的崇拜，织女星与牛郎星被认为是天文时间变化的标志。随着社会的发展，人们将人间生活投射于天上，产生了牛郎与织女的爱情故事（图1-2-6）。南朝梁著名学者宗懔著的《荆楚岁时记》中记载："七月七日，为牵牛织女聚会之夜。"《荆楚岁时记》中还描写了乞巧习俗："是夕，人家妇女结彩缕，穿七孔针。或以金银鍮石为针，陈瓜果于庭中以乞巧。"

图 1-2-6　鹊桥相会

夜晚坐看牵牛织女星、闺房探望密友、拜祭织女、祈祷姻缘、切磋女红、乞巧祈福等，是中国民间传统的七夕习俗。在古代，无数深情的男女都会在这个晚上，对着星空祈祷自己的姻缘美满。七夕节起源于中国，一些受中国文化影响的亚洲国家也会庆祝，如日本和越南。

六、中秋节

中秋节，又称为仲秋节、八月节、月夕等，是我国重要的传统节日之一。

它源于唐朝，盛行于北宋。到了明清时期，中秋节已与元旦齐名，是中国第二大传统节日。

有关中秋节的起源说法比较多，有的说中秋节起源于古代帝王的祭祀活动，在《礼记》中载道："天子春朝日，秋夕月。"夕月就是祭祀月亮，后来经过文人官吏的效仿传到民间。也有说中秋节的起源与农业有关，因为秋天是收获的季节，而"中秋"就是秋天中间的意思，所以农民为了庆祝农作物丰收，就将"中秋"这一天作为节日。有关中秋节的神话传说有很多，如嫦娥奔月、吴刚伐桂、玉兔捣药、月饼起义等，这些充满神秘主义色彩的传说也给节日增加了气氛。

中秋节的习俗活动极其丰富多彩，观潮、祭月、赏月、玩花灯、吃月饼、赏桂花等都是历史悠久的重要活动。2006 年，国务院将中秋节列入首批国家级非物质文化遗产名录；2008 年，中秋节被定为国家法定节假日，足以见得中秋节的文化价值与社会功能，是中华民族尤为宝贵的文化遗产。

中秋节是一个团圆的节日，中秋月圆吸引着无数人抬头望月，拨动了无数游子思妇离居独伤心的忧思，也激发了文学苑圃中最优美的诗篇。"江畔何人初见月？江月何年初照人？"（张若虚《春江花月夜》），意为江畔的一轮明月，照彻了诗人清幽淡雅的情思，也触动了诗人对自然宇宙的冥想。苏东坡的"但愿人长久，千里共婵娟"（《水调歌头》）更是道出了人们中秋之夜望月的共同美好祈愿。

七、重阳节

重阳节是每年农历九月初九。在《易经》中，"九"定义为阳数，"九九"两阳数相重，故称为"重阳"。重阳节的起源可追溯至上古时代，《吕氏春秋·季秋纪》有载，古人在九月农作物丰收之时祭祖以谢天帝，是重阳节作为秋季丰收祭祀活动存在的原始形式。直至汉代，重阳节的神圣性逐渐向世俗化转化。

重阳节的传统习俗活动有消灾避邪、祈寿延年的饮菊花酒、登高、佩茱萸囊（图 1-2-7）、感恩祖先的祭祀活动等。宋朝吴自牧著《梦粱录》中这样描述重阳习俗："盖九为阳数，其日与月并应，故号曰'重阳'。""今世人以菊花、茱萸，浮于酒饮之，盖茱萸名'辟邪翁'，菊花为'延寿客'，故假此两物服之，以消阳九之厄。"在传统社会当中，重阳节（图 1-2-8）虽然包含尊老这一文化诉求，但并非节日的重要节俗。1989 年，中国正式将农历九月初九定为"敬老节"，并将敬老、孝亲的诉求上升为国家民族意志，反映了新的社会风尚和道德需要。

图 1-2-7　茱萸囊　　　　　　　　　图 1-2-8　重阳节

　　综上所述，中国传统节日承载着中华民族的文明，而博大精深的中华文明，又造就了色彩纷呈的节日文化。在中华文明发展的历史长河中，传统节日始终与人民的生产、生活息息相关。传统佳节既是一个民族文化的载体，也是人们情感凝结的纽带。在绵延不绝的时间长河中，正是这些节日为我们留下了一帧帧祖先生活的生动画面。浓厚的宗亲之情、浪漫的男女爱情、深刻的爱国之情，还有对生命的敬畏、对神祇的崇拜、对自然的追寻……无一不是在一个个流传不绝的节日民俗当中尽情抒发的。国务院将春节、清明节、端午节、中秋节等传统节日定为法定假日，正是对传统民族心理的充分尊重，也是对传统文化的回归和倡导。

第三节　中国传统节日的类型与特征

一、中国传统节日的类型划分

　　对我国传统节日进行分类，是进一步系统了解和认识我国传统节日文化的必要步骤，也是研究任何一门学科不可或缺的环节及方法。正如美国学者所言："分类是属于科学的本质，科学是有组织的知识，没有分类的系统，则对于事实，即不能有科学的了解。"本节根据传统节日的主要风俗内容将其分为以下四大类型。

（一）农事类节日

"农事节日，是主要内容以农、林、渔、猎等生产习俗惯制为标志的节日。"说起农事，就不得不说二十四节气，全年每隔 15 天为一个节气，每个节气都与农事有关，都有自己的象征意义，"反映四季更替的有春分、秋分、夏至、冬至和立春、立夏、立秋及立冬；直接和间接反映气温变化的有小暑、大暑、处暑、小寒、大寒和白露、寒露及霜降；反映降水的有雨水、谷雨、小雪、大雪；反映物候的有惊蛰、清明、小满、芒种"。当然，我国传统节日大多与节气有着联系，也就带有这类特色。例如，"清明前后，点瓜种豆"的清明节、"乞巧赛巧"的七夕节、"瓜果丰收"的中秋节等，无不是围绕着风调雨顺、男耕女织和丰收等农事生产而展开的。这些节日都属于农事类节日。

（二）祭祀类节日

"祭祀节日，主要是以供奉天帝、祭祀神灵、祭奠先祖亡灵、祈禳灾邪、驱恶避瘟等信仰习俗为标志的节日。"例如春节，起源于殷商时期年头岁尾的祭神祭祖活动，挂桃符、请门神等活动也是人们自我的心理安慰和暗示，同时，端午时候的插艾、重阳插茱萸也是为了祈禳灾邪、驱恶避瘟；清明节，是我国最重要的祭祀节日，祭祖和扫墓等活动是清明的重大事件；另外，就是中秋节，中秋对月亮的崇拜，其实也是对月神的崇拜，也就有了"祭月"这么一民俗活动，把秋季丰收的新鲜瓜果放在供桌上，以祭拜月亮。这些祭神、祭祖、驱邪等节日都属于祭祀类节日。

（三）纪念类节日

"纪念节日，主要内容是追念民族英雄及地方历史上受崇拜人物的活动。尽管节日礼仪中也采取了相当多的祭祀祈祷形式，但都是在纪念人物，不是祈求神佛。"随着时间的推移，一些非纪念人物或事件的节日，在后来的演变过程中也加入了纪念内容，赋予了纪念意义。例如，元宵节的来历是关于灯的传说，每到正月十五，家家户户都会挂起灯笼、燃放烟火来纪念这个日子；清明前为什么要吃"寒食"呢？传说是为了纪念臣子介子推；端午节的赛龙舟和吃粽子的节俗活动，传说是为了纪念屈原等。以上这些都属于纪念类节日的范围。

（四）喜庆类节日

喜庆节日"以喜庆丰收，祝贺人畜两旺、平安幸福为主题，往往构成喜庆活动的连续性或系列化，时间上也形成一组节日，有一定阶段性"。以春节为例，春节是最为盛大、影响最广的传统节日。春节的活动虽然也有农事、祭祀的节俗内容，但欢度佳节、迎喜接福才是最中心的主题。过新年，穿新衣，贴春联，挂灯笼，张灯结彩，串门拜年，相互庆贺，热闹非凡，造成人人参与的狂欢气氛，喜庆是最基本的特色。

三、中国传统节日的基本特征

中国传统节日文化作为一种文化形态，具有显著的文化特征。这些特征是传统节日在历史的长河中不断发展和丰富的结果，也是传统节日文化区别于其他文化的标志。

（一）具有强烈的农耕文化色彩

传统节日以农业生产为中心，以农时节令为生产标志，具有强烈的农耕文化色彩。在中国古代，农耕经济是人类赖以生存的基础，对自然界的依赖与敬畏成为民间节日的特点。

农耕节日的普遍特点是庆祝收获，祈望五谷丰登、六畜兴旺、保护耕牛等。年节可以说是农民最隆重的节日。我国各民族都过年，除中华民族共同过的春节之外，许多兄弟民族还有自己独特的年节。年字最初的写法，就是一个形象的饱满低垂的谷穗，表示收获结束的时季。

（二）具有广泛的大众参与性

中国传统节日体现了全民欢庆的节日主题。民众广泛参与节日活动使传统节日的普适价值观得以体现，民众作为节庆活动的主体，对传统节日抱有极高的热情，反映了人们积极参与社交娱乐活动、追求幸福生活的美好愿望。

中国传统节日中民众参与热情最高涨、影响力最广泛的当属春节了。它已从早期的农业生产节日逐渐演变成全民参与的娱乐性节日。春节期间，吃年夜饭、放鞭炮、包饺子、看春节联欢晚会、拜年等节日习俗，都体现了民众在节日中通过交往获得乐趣的文化热情。春节不仅是中国的全民性节日，还在世界上的其他国家和地区也具有影响力。每逢春节来临，德国柏林的商场总会售卖中德文贺年卡，很多德国人争相购买。除此之外，在德国小学英文教科书中就有关于中国春节的介绍，而且被安排在中国春节前授课。在一些亚洲国家中，春节早已融入当地的文化中，在春节期间的庆祝活动也与中国相差不多。

（三）历史悠久

中国传统节日的历史源远流长，堪称与中国历史同步，早在先秦时期，大部分节日就已初露端倪，自西周开始，就将一年划分为春夏秋冬四时，每时分为孟、仲、季三个月，共十二个月，是岁时风俗的雏形期。到了汉代，主要的传统节日如除夕、元旦、元宵节、上巳节、寒食节、端午节、七夕节、重阳节等都已经基本定型。屈原、介子推等也取代了原始崇拜和信仰成为某些节日的纪念人物，使传统节日中的人情味和真实感得以增强，我国大部分传统节日此时已经形成，与之相关的习俗也已经产生。到了魏晋南北朝时期，风俗中加入了更多人文因素，把传统节日活动从最早的原始祭拜、迷信的气氛中解放出来，转变成以娱乐礼仪型的节日内容为主。到了隋唐宋元时期，唐宋社会经济、文化的繁荣，促进了节日文化的发展，节日内容日益丰富多彩，把节日民俗活动推向了高峰。纵观我国传统节日的发展线索，不难看出节日的日期一旦固定下来，千古不变，尽管随着王朝的更迭、时代的转换，节日的时间还始终不变。

（四）传承性与变异性

传统节日的传承性，是指节日和民俗文化等现象在空间上的传播和时间上的传承。任何一项节日活动的产生，必然要在一定范围的群体中扩散并在一定的时间阶段中反复再现、不断重复，经过世世代代以不同形式的流传，变成了一种固定的形式，制约着一个地区或民族的人们，使他们共同遵守而不可逾越，由此形成了节日的传承性。内容和形式上的连续性和稳定性是民俗传承性的主要表现。中华民族的传统节日一旦形成，即便是社会发生了变化，也会以一种稳定和相对独立的形式世世代代传承下来，保留原有的古老习俗的影子，这是传统节日传承性十分重要的表现。中国的农耕文化绵延数千年，而传统节日文化根植于其中。很多民间流传下来的节日有两千年以上的历史，很多从古代传承下来的节日习俗，直到现在仍然被人们接受，足以表现出传统节日的顽强生命力。

传统节日在流传过程中，由于受社会、政治、经济、文化、生活种种因素的影响而产生了内容和形式上的一系列变化。人们的地域环境不同，生产和生活方式有异，决定了节日习俗在发展过程中会因地域不同而发生变化。变异性相对于传承性而言，变异建立在传承的基础上，究其方式不外乎三种类型：一是积累，指节日的活动和内容在原有的基础上增多。二是革旧立新，即剔除不适应新形势的旧俗，使原有的民俗整体或局部地发生变化。三是逐步消亡，一些旧的节日民俗因不符合新的生活方式和价值观念而被新的文化体系代替。总之，中国传统节日的显著特点就是在传承时变异、在变异中发展、传承与变异相互统一。

（五）礼仪性与多样性

在中国传统节日的发展变化中，始终贯穿着一条主线，就是"礼尚往来"，是我们中华民族的传统美德，从节日的来往中可以看到一种人际关系、家族关系集体性的交流疏通，同时也可以看到许许多多的节日形式和习俗。例如清明节，在这一天人们缅怀先辈激励后人，节日形式有扫墓、祭祖、踏青等；端午节源于屈原投江的传说，有浓重的爱国主义色彩，节日形式有赛龙舟、吃粽子等；中秋节是仅次于春节的第二大传统节日，有"庆丰收""人团圆"之意，并以赏月、吃月饼的形式，把中华传统民族的真善美发挥到了极致；元宵节和重阳节则充分体现了保持家庭和睦、尊老敬老的优良传统。

我国是一个重人伦、贵亲情的国度。祭祖是春节习俗中古老的内容之一，祭拜祖先是在重要节日来临时都要进行的仪式，借以表达对祖先的感恩与怀念。例如，春节时供奉牌位，寒食节、清明节的祭祖扫墓。在传统节日的祭祖中，体现了对待死者"事死如生"之礼。唐玄宗时将如清明祭扫一类民间风俗列入礼典，将其俗定为礼。祭祖的目的是感谢祖先功德（"慎终追远"），并祈求祖先的灵魂在新的一年里保佑全家幸福。汉代的时候，元宵节便开始了张灯的风俗，而后历代元宵节都以张灯、观灯为一大盛事；腊日祭祀百神，二十四祭祀灶神；新年燃放爆竹……传统节日是各种中国社会礼仪、礼节最能得到体现的时刻，这种礼仪、礼节实质是一种道德的约束和行为的制约，如席不正不食、志趣不同割席而坐等，充分体现了社会习俗中男女、尊卑、长幼关系和祈福避讳上的要求。这些礼仪又深含在人们日常的言行举止之中，成为人们内在伦理道德的一部分。

传统节日的来往，可以密切人际关系、交流生活信息、总结致富经验等。例如，一年以春节为始，每当重大节日，便有礼尚往来的循环。正月初二，外嫁的女儿（包括女婿、外孙、晚辈亲戚）要回娘家拜年，礼品多为糕点、副食等；正月初五，娘家给外孙送灯笼；清明节，外出的家族人员、外嫁的女人要给祖先送黄纸、祭祖；端午节，娘家要给女儿送粽子、绿豆糕等；中秋节，女儿和女婿要给娘家送月饼；重阳节，娘家要给女儿送花糕。一年之内，周而复始，年复一年。在此往来之中，女儿（晚辈）要比娘家（长辈）送的礼品重，价值大，这应该是女儿（晚辈）要尽孝道的表现，也是中国传统节日礼仪的一个显著特征。

（六）民族性与地域性

中国是一个多民族国家，其中，汉族人数最多。但是由于各少数民族历史和文化的差异，中国传统节日文化也表现出鲜明的民族性和地区性。除了汉族的传统节日，其他少数民族也都有自己民族的传统节日，如傣族的"泼水节"，蒙古族的"那达慕大会"，朝鲜族的"老人节"，彝族、白族、纳西族、布朗族的"火把节"，锡伯族的"西迁节"，高山族的"丰收节"及土家族的"七月会"等。这些少数民族的传统节日都有其特殊意义和习俗，与汉族的传统节日共同构成了中华民族大家庭的传统节日。与此同时，中国传统节日也表现出跨民族、跨地区的特征。汉族的传统节日如春节、清明节、端午节、中秋节等，在其他少数民族的地区也普遍流行。汉族节日中也融入了其他民族的风俗，如春节在院内立灯笼杆，就是受了满族祭神杆的影响。节日中的许多游艺活动如荡秋千、高跷、骑射、杂技等，原来都是少数民族的习俗。这是历史上民族节日风俗互相交流、融合的结果，实际上也是各地区经济、文化交流的结果。在这种广泛的交流、融合过程中，中国传统节日文化具有了广泛的包容性，使中华民族产生了强大的内聚力。

（七）鲜明的社交性

人类文明始自交往。社会交往是人类进步的重要推动力，在交往中实现信息沟通和思想交流，在相互学习中不断提高人的素质。节日活动为区域民众提供了广泛交往的机会和舞台。中国是一个礼仪之邦，而中国人也很讲究"礼尚往来"。俗话说，"来而不往非礼也"，所以"礼"就成了传统节日重要的表现形式之一。

中国人的"礼"成为衡量人际交往和家庭人伦关系的重要标尺。一般而言，传统佳节都是中国人走亲访友最频繁之时，大家通常借送礼来搏一个"好兆头"，送礼的同时要回礼，而且强调晚辈送给长辈的礼物要比长辈送的礼物价值大，以此来体现儿女的孝道。在传统节日时，人们拜访亲朋好友、送礼祝福，以这种方式扩大交际圈，加深彼此了解，巩固相互之间的关系，实现地域与地域间的交往和不同民族之间的沟通，促进社会发展。

总之，中国的传统节日文化在几千年的历史长河中形成了不同风格的类型和独具一格的特征，这不仅是我们了解和研究传统节日文化的客观需要，还是我们透彻反思传统节日文化的根本目的。

第四节　中国传统节日的重要意义

传统节日对每个中国人来说，都具有不同寻常的意义。今天，大多数中国人的生活"天天都像过节"一样精彩，传统节日时的那种喜庆热闹甚至神秘的气氛，对他们来说早已缺乏实际性的价值和现实意义。但是不可否认的是，根植于历史文化和生活习惯的传统节日，不但早已成为我们日常生活的重要部分，而且其蕴含的民族情感和人文精神，早已融入我们的血液中，并成为我们存在的方式和文化的象征。

一、传统节日在实现中华民族的文化崛起中具有突出的地位和作用

当前，经济全球化和文化多样性已成为世界各国各民族不容回避的战略目标，给中华文化带来了极大的发展机遇。保护、传承和开发传统节日，是实现中华民族文化崛起和参与世界文化多样性发展的重要组成部分。传统节日因其极为深远的历史和丰厚的人文积淀，已成为各种民俗文化的主要载体与依托，而且传统节日也越来越多地被当作弘扬民族传统文化、向世界展示本土形象的典型文化资源来推介，对民俗文化，特别是对传统节日的传承和发展研究是中华文化崛起的基础性工作。

二、传统节日至今仍具有重要的社会功能

（一）传统节日具有较为突出的调节功能

我国四大传统节日——春节、清明节、端午节、中秋节是农耕社会的伴生物，集中反映我国民众张弛有度、应时而作的自然生活节律，可有效调节人与自然、人与社会、人与人之间的关系。

（二）传统节日具有较为突出的规范功能

传统节日的主要文化内涵是崇尚自然、尊崇先贤、从良向善、仁义礼智信等传统道德伦理。民众生活其中，耳濡目染地接受这些道德理念、行为规范的约束和控制，它就像一只看不见的手，无形中支配和影响着民众的所有行为。

（三）传统节日具有较为突出的维系功能

全国各地传统节日具有鲜明的地域和类型特征，每个地域的民众节日习俗大致相同，使传统节日成为维系地域民众心理情感的纽带和载体，它可以使同一地域的民众保持着相应的向心力和凝聚力。推而论之，就全国范围而言，虽然四大传统节日的活动形式千差万别，民众身处异地，但主要的民俗活动保持了一致性和统一性，使中华民族在传统节日上获得了高度的民族认同。

（四）传统节日具有较为突出的社会整合功能

传统节日具有的社会整合功能可以增强人们的心理归属感和社会认同感。传统节日是增强祖国人民的血肉亲情和爱国热情、增强民族凝聚力的纽带。一方面，传统节日使人们感受到家庭归属感。无论是春节回家过年、清明节祭祀

祖先，还是中秋节团圆赏月，都体现了传统节日以家庭为核心的传统观念，体现了人们对亲人的思念、对家庭的依恋以及对祖国的热爱之情，也唤起人们对传统文化的记忆和对民族精神的认同。另一方面，传统节日具有强大的民族凝聚力，使人们获得了社会认同感。例如，春节晚会在全球范围内直播，旅居海外的华人、华侨及中国留学生能够在此团聚起来共度佳节，由此产生强烈的民族情结。此外，重要的传统节日也是各民族的盛会，可以吸引各族人民共同参与节日活动，增强各族人民的民族认同感和民族自信心。

每个社会成员在传统节日中获得的民族认同感，无形中汇聚成强大的民族凝聚力。在几千年的历史演变中，传统节日成了维系人与人之间和谐关系的黏合剂，对维护祖国统一和民族团结以及促进我国的繁荣强盛是功不可没的。

三、传统节日是传承中华文化的基石

传统文化的继承和弘扬是需要载体的。节日是日常生活的亮点，节俗文化是时代精神的聚焦。传统节日及其相关活动，是传统文化的重要载体之一。传统的春节，人们印象最深的有王安石的《元日》诗中的记载："爆竹声中一岁除，春风送暖入屠苏。千门万户曈曈日，总把新桃换旧符。"其实，春节最有生命力，是举国共庆、全民欢腾的节日，人们盼春节、迎春节、庆春节。每年从农历腊月二十三开始就进入年的程序，祭灶神、扫尘、贴春联、贴年画、贴门神、祭祖、吃年夜饭、守岁、拜年、走亲戚、舞龙灯、跳狮舞、吃元宵、观花灯，等等。每个辰光、每个环节，都紧扣着辞旧迎新的寓意，期盼祝福的心愿，尊崇先人的礼教，还有许多传统文化的符号。如果缺失春节这个载体，简化或省略这些熟悉而陌生的过程，淡化或消除这些民间文化符号，也就失去了年味，失去了年的本质意义，从而使文化传承失去了根脉。同样，清明节的踏青、放风筝，端午节的赛龙舟，中秋节的燃宝塔灯，都象征着闲暇、欢乐、温馨和幸福，都是展示欢庆喜悦的有效形式。正是在这些活动中，人们可以感受到传统文化的魅力。

四、传统节日是农业文明的继承与再现

历法的种类很多，大体可以分为以月亮盈亏为基准的"太阴历"和以太阳周期为基准的"太阳历"。在人们普遍的印象中，中国传统社会所使用的历法是"阴历"，即"旧历""农历""民历"。其实，这是一种并非全面和准确的看法。因为，中国传统社会的历法是"阴历"兼具"阳历"，实为"阴阳合历"，所以又叫作"太阳太阴历"。

1912 年，孙中山宣布废除阴历而采用阳历。但由于中国文明一直是以农耕为基础的，而阴历和农耕生活的节气、节律之间有着千丝万缕的联系，所以现代中国也一直是阴历和阳历并行延续的局面。正因为如此，依据阴历、节气等编排和设计的各种传统的节日、庆典和仪式，以及"传统节日"的节庆体系，依然根深蒂固，春节、元宵节、清明节、端午节、中秋节等堪为代表。中国的传统节日是农业文明的缩影，既是我们先辈长期不懈地探索自然规律的产物，也是中华文明的哲学思想、审美意识和道德伦理的集中体现。节日表现的人与天（自然）的关系，体现出中国人阴阳平衡、天人合一、顺其自然的哲学思想，欣赏柔美、追寻浪漫的美学观，享受团圆的美好气氛，等等。这些优秀的文明成果，通过节日可以很好地被继承和再现。

五、传统节日有助于增强中华民族的向心力和凝聚力

海外华人一直把春节视为民族文化的代表，他们身处异族文化之中，但是每年仍然坚持过春节，并加以展示。这既强化了自己的文化信念，也宣传了中华文化。海外侨胞对清明节祭祀十分重视，每年清明节都有大批海外华侨归国祭祀祖先，也祭祀本民族的始祖。每年清明节，数以万计的海外侨胞来到陕西省桥山黄帝陵、轩辕庙，祭祀华夏始祖轩辕黄帝。每年清明节，很多台湾同胞也来到海峡对岸祭奠祖先，并与亲人同聚。可见，共同的清明节俗，使侨居海外多年的侨胞和台湾同胞的心与祖国连在一起。如今，把清明节定为法定节日，必会进一步增强民族文化认同意识和民族自豪感，进一步加强民族凝聚力。

六、传统节日的弘扬有利于"和谐世界"的构建

中国的传统节日作为中华文明的象征，自创立以来就不断地向周边国家传播。例如，韩国、日本等的节俗活动很多都能在中国的传统节日中找到源头。春节在韩国、越南、新加坡都是最主要的假日，韩国甚至把中秋节列为法定假日。日本虽然从1873年起把春节和元旦合二为一，但现在还把三月初三（女儿节）、五月初五（端午节）列为节日。中国传统节日传到域外，并且被民族化和本土化，这一点也引起外国学者的关注。越南阮翠鸾在论文《越南的端午节》写道："农历五月初五是中国的端午节。其实，在越南也有这个节日，但在称谓上民间多俗称为'杀虫豸节'或'五月初五节''五月节'等。越南一年中有三大节，它们分别是元旦节（中国的春节）、端午节、农历七月十五节。其中，元旦节和农历七月十五节都带有个人团聚祭供祖先的意味，而端午节却与节气气候及农业生产有关。"

端午节虽从中国传入越南，但由于当地的社会和环境，农历五月初五这天的节日实际上内容有区别。按越南的习俗，纪念、祭祀屈原已不是主要的了，他们把中国文化色彩本土化了，同时创造出新的符合自己的实际生活和自然环境的习俗，如喝糯米酒、吃水果、正午采草药、杀虫豸等。正是由于传统节日在时间和空间的场域内不断被传播和再生产，其文化价值得以永恒。而且，我们正在倡导和谐世界，不同的国家具有相同的节日，更有利于和谐世界的构建。

总之，中国传统节日在社会生活中发挥着多方面的作用。人们的日常生活往往是单调的重复，长此以往会使人感到生活呆板沉闷，缺乏生气；节日的设立是对单调生活的一种调剂，对改善人的精神面貌、焕发人的工作热情，具有积极意义。

第五节　中国传统节日面临的困境

改革开放以后，我国经济迅速发展，社会经济结构发生巨变，外来文化在一定程度上影响着人们的生活，传统节日受到国际性节日、西方节日、民间和网络新兴节日的挤压，呈现式微的态势。本节以四大传统节日——春节、清明节、端午节、中秋节为例，通过中华人民共和国成立以来的传统节日发展状况来研究传统节日发展中面临的困境。

一、传统节日面临困境的表现

面对现代化工业社会产生的种种新需求，传统节日因很难满足这些需求而受到了前所未有的挑战，生存和发展面临巨大的考验。中国传统节日面临的困境表现在以下几个方面。

（一）传统节日仪式有待发展

传统节日中封建迷信活动，如拜神、求签等泛滥，屡禁不止。很多人误认为这些封建迷信活动是传统节日的习俗，是中国传统文化的精华，这些封建迷信活动在传统节日的"掩护下"愈演愈烈。如果任其发展，不仅会使人们走入封建迷信的误区，还会使传统节日陷入困境。

部分传统节日的仪式有待改革、发展与创新。例如，在传统祭奠和祭祀中，有烧纸钱的习惯：从临近清明节和中元节烧纸钱到每逢农历初一、十五烧纸钱，从原先的只烧纸钱到现在烧纸人、烧元宝、烧花篮等，从在墓地烧纸钱到在街边烧纸钱。在街边焚烧纸钱的初衷是图方便，但是，晚上燃烧过的纸灰随风飘扬，严重影响了城市的环境。有些人烧完纸钱后，不待火苗熄灭就走，留下火灾隐患。这种陈旧的祭奠方式不但有铺张浪费和散布迷信之嫌，而且给很多流动商贩大肆宣扬迷信以可乘之机。

清明节本是人们踏青、缅怀先人、扫墓的时节，而农历七月十五的中元节是集中祭祀先人的日子。不要让封建迷信在传统节日的土壤中滋生和泛滥，全社会应提倡文明祭奠、文明祭祀，一束鲜花同样可以寄托哀思，也可提倡网上祭奠，表达对先人的缅怀。

（二）一些人对传统节日存在偏见

自改革开放以来，西方价值观念和生活方式传入我国，深受人们推崇。在西方文化强势入侵的形势下，很多年轻人认为传统节日既土气又缺乏时尚感，而西方的感恩节、圣诞节、情人节等既时髦又充满活力，他们更热衷于享受西方节日的狂欢气氛。因此，在我国多元文化并存的社会环境中，传统节日文化的生存和发展面临着巨大的考验。

现今，每逢平安夜，年轻人纷纷赶往教堂听圣歌、做礼拜，导致教堂周围交通拥堵不堪，很多城市不得不采取交通管制等措施。那些传承了数千年的传统节日，生存空间受到挤压，内容和形式逐渐缩小，生存的环境逐步恶化。很多节日已经鲜为人知，几乎很少有人愿意参与，只有部分农村和少数民族地区还保留着一些原来的节俗。

（三）传统节日节庆仪式简化

在城市化进程中，传统节日的节庆仪式逐渐简化。我国的很多地区因为对传统文化的重视程度不够，造成了传统节日的"边缘化"倾向，使传统节日的节庆仪式不断简化甚至消失。现在，很少有年轻人会包饺子，更别说包粽子、做月饼了，春节时人们已经不在家里制作年夜饭，而是选择在餐馆就餐。除此之外，赛龙舟等节日活动也被人们快节奏的生活挤压。现在，人们更倾向于"快餐"文化，而忘却了传统节日本身的节俗仪式。

在城市的发展过程中，新旧事物的更迭是必然趋势，但是过分地追求经济的快速发展，忽视了对传统文化的保护，必将会使传统节日的节庆仪式传播断裂。因此，传统节日逐渐丧失了原有的文化内涵，呈现"空心化"趋势，留给人们的全是消费和狂欢的印象。

（四）网络新兴节日挤压了传统节日的生存空间

网络新兴节日源自民间，兴起于网络，是信息时代所特有的节日。由于它个性张扬且贴近现实生活，深受年轻人的喜爱。有代表性的网络新兴节日有"网络情人节""八卦节""示爱节"等。这些节日起初仅限于网民的娱乐和调侃，后来因媒体的炒作、商家的追捧而迅速传播，受众广泛。

网络新兴节日在形式上呈现出数字化的特征。例如，网络情人节是 5 月 20 日，"520"的谐音是"我爱你"，很多人选择在这一天登记结婚；八卦节是 8 月 18 日，"818"代表着"八一八"，也就是到处说说、传播话题的意思；示爱节是 9 月 12 日，"912"代表"就要爱"。网络新兴节日的节庆方式主要是购物、聚餐、狂欢，目的是纾解压力。网络新兴节日简单、有趣，迎合了部分年轻人的需要，因此，有些人对它们的关注度已逐渐超过传统节日。而年轻人对传统节日的态度决定了他们能否担当起传承传统节日的重任，因此，网络新兴节日的盛行对我国传统节日的发展造成了一定的影响。

二、传统节日面临困境的原因

传统节日缺乏现代社会适应性，无法适应现实社会的需要；我国多元文化的发展格局，使传统节日受到西方文化和现代文明的挤压；随着科学技术的发展、文化传播方式的变化、市场经济的冲击，传统节日呈现市场化、商业化、功利化趋势。上述因素使传统节日的发展面临困境。

（一）传统节日自身缺乏现代适应性

传统节日面临困境的原因在于传统节日自身缺乏现代适应性，无法适应现代社会的发展。传统节日产生于遥远的古代，那时的科技、文化、教育以及人们的生活方式与现代社会差距甚大。经过了漫长的岁月洗礼，很多传统节日的内容和节庆仪式经历了发展和演变，仍然保留当时当地的特色和文明，但这些传统节庆习俗和节庆仪式很难融入现实生活中，无法适应现实社会的需要。

从传统节日受众的角度来看，由于社会具有局限性，现代人只能在节日当日感受到节日的欢乐气氛，却难以挖掘出传统节日背后的文化内容，以致于忽略了传统节日深层的文化内涵。因此，人们无法接受传统节日"传统"的一面，于是给传统节日披上"现代"的外衣，用现代方式庆祝传统节日。传统节日无法突破眼前的瓶颈，融入高速发展的现代社会中。

回顾几十年前人们庆祝传统节日的方式：春节，放鞭炮、拜年贺岁、走亲访友、互赠贺年帖；清明节，禁止烟火、祭扫祖坟、郊游；端午节，赛龙舟、吃粽子、饮雄黄酒；中秋节，祭日、祭月、供月、吃月饼、庆团圆。节日中各具特色的节庆活动承载着节日的文化内涵，但是今天许多节庆仪式已经淡出人们的视野，人们更多地会选择旅游和聚餐来缓解压力。传统节日的文化价值和节庆仪式是相辅相成的，如果文化价值不能成为节庆习俗，那么文化价值也将无法被传承。

（二）文化多元化发展与西方文化的冲击

改革开放后，西方文化大量输入中国，尤其西方节日格外引人注目。西方节日与中国节日有很多相同之处，即两者都崇尚对生活的热爱和对美好的追求，而且西方文化新颖的西方元素和奇特的表达方式及节日理念，引起很多中国青年情感上的共鸣。因此，在西方文明不断渗透和融入中国传统文化的过程中，中国文化理性地吸收了西方文化的积极因素，加快了自身发展的步伐。

然而，我们也应清醒地认识到，中国节日与西方节日虽有很多相似之处，但是由于促使两者产生的自然环境、历史文化、社会环境等存在差异，中国文化与西方文化间有着不可逾越的鸿沟。

第一，我国的传统节日的编排依据是农历历法，而西方节日与国际上的通行的公历历法相一致。由此可见，中西方传统节日存在根本差异。中华人民共和国成立以来，我国一直沿用公历纪年方式，我国的传统节日也因农历纪年方式受重视而受到影响。

第二，从中西方文化的主体思想上来说，中国经历了漫长的封建社会，自古推崇儒家思想，以"仁政"治国，强调道德教化，这种思想在人们的心中已经根深蒂固；西方治国则重视法治，强调用法律约束公民，培育国家的好公民，西方人崇尚自由、民主、平等。因此，中西方节日文化的根本理念存在明显分歧。

第三，中西方节日的文化背景不同，中国传统节日有着浓厚的农耕文化色彩，而西方节日大多受基督教影响，带有浓厚的宗教色彩。"从英语辞源学上来看，'节日（holiday/holyday）'一词本来就是'神的日子'，或者'献身宗教的日子'，即庆祝耶稣诞生的节日，是基督教国家最盛大的节日"。例如，基督教的重要的节日是圣诞节，要吃圣餐。"基督教教会认为，圣餐，并不是一般的面包，而是基督的身体；红酒，也不是一般的酒，而是基督立约的血。我们熟悉的西方节日中，信徒吃了基督的肉，喝了基督的血，就有了基督的神性，就更加深知神的伟大，更加应该按照上帝的要求去老老实实做人、诚诚恳恳做事。"

当今社会，中西方文化一直存在着许多争议，面对西方节日挤压中国节日这一问题，要以理性的态度来进行分析和研究，努力吸收西方优秀文化，抵制西方腐朽文化的侵蚀，使中西方文化逐渐实现完美对接。

（三）文化传播方式变化冲淡了传统节日气氛

近年来，我国科学技术飞速发展，既带来了积极影响，也带来了消极影响。就其积极影响而言，科学技术的进步带动了我国电子信息行业的飞速发展，电子通信产业逐步与国际接轨，甚至已达到国际领先水平。但是，就其消极影响而言，我国手机和电脑等电子产品的普及也为人们的生活带来了一些问题：人们的沟通方式逐渐多样化，手机、平板电脑、笔记本电脑都成为信息传播的工具，电子邮件、短信、微信、飞信、电话、网络视频等通信载体层出不穷。这些通信工具使社会成了一个紧密联系的整体，人们生活在被通信领域覆盖的网络之中，即时通信、时时通信唾手可及。另外，科技进步使人们的交往方式单一化，人情味变得淡薄，随之为文化传播的方式带来影响。每逢佳节，人们无须聚在一起共度佳节，足不出户就可以向远方的亲朋好友表达祝福。过节时，人们能收到亲人、朋友，甚至网友用各种通信方式发来的祝福，但这些祝福的美好意味好像被信息遮盖住了，不如见面道贺的方式生动。浓郁的节庆氛围也不再成为可能，人们不禁会反思传统节日的人情味为什么变淡了。

随着科学技术的发展和文化传播方式的变化，网络新兴节日逐渐流行，尤其是11月11日的"光棍节"，在商业促销方面的影响力越来越大。"光棍节"兴起于网络，受众庞大、自发性强，属于非主流文化。网络新兴节日的兴起必然满足了部分社会群体的需求，具有一定的积极社会功能。但是，我们必须认识到，"光棍节"作为新兴起的由网络走向现实的民间的节日，与传统的、法定的、长期发展比较成熟的节日有所不同，在它的发展过程中产生了一些消极的社会效应，如网络社交中的诚信缺失、非理性消费问题、不健康的婚恋心理模式等。

因此，在网络新兴节日广为流传之际，传统节日文化应借鉴网络新兴节日的发展优势，提升传统节日的文化内涵，使传统节日重拾昔日的辉煌，我们应该更好地保护传统节日文化遗产，使主流文化与非主流文化相得益彰、和谐发展。

（四）市场经济的冲击

根据我国第七次人口普查结果显示，我国城镇人口比值大幅度增加，社会人口结构发生变化。社会人口结构的变化带来了国家产业结构、经济结构的变化和社会生活节奏的飞速运转，传统节日繁文缛节的节庆仪式成为"鸡肋"。例如，中秋节吃月饼是自古以来的节日习俗，月饼的制作工艺一直是民间流传的手工艺技巧，但是，市场经济促成了超市、蛋糕店、商店等为消费者提供品牌众多、质量上乘、加工精美、价格公道的月饼，况且制作月饼的工艺并不是每个人都能学会的，人们选择直接购买月饼。这种去繁从简的生活方式看似非常方便，人们却在不经意间发现节日的味道变淡了。人们发现，传统节日的真谛和价值主要在于过程，而不在于"速成"。

众商家将传统节日视为"摇钱树"，将节日视为获利的商机。商家习惯于利用节假日打人情牌，举办大型促销活动或返利活动以获得巨额利润。春节之前各大饭店争先恐后推出年夜饭活动；各大商场更不失时机地利用各大节日进行商品折扣优惠、返利等促销活动；电商企业也顺势举办促销活动以吸引消费者的眼球。在节假日中，绝大多数人遇到过节假日高峰，公共场所拥挤不堪，知名旅游景点人流不断，各大购物中心人山人海，原本美好的闲暇时光却令人头疼。商家的商业手段充分调动了消费者的消费热情，节日的意味被商业泡沫歪曲和抹杀了，淳朴的节庆仪式消失了，取而代之的全是消费的印象。

传统节日的味道已被市场经济冲淡，呈现市场化、商业化和功利化趋势。人们很难在传统节日中重拾对传统文化的记忆，传统节日已无力脱去其经过过度包装的外衣，难以以最淳朴的姿态呈现在人们面前。

第二章 中国传统节日文化及其价值

文化是非常广泛并颇有人文意味的概念，简而言之，文化就是该地区人类生活要素形态的总称，即衣、食、住、行等。在东西方的辞书或百科中，有一个更为普遍的理解：文化是相对于经济、政治而言的人类全部精神活动及其产品。

有学者认为："传统节日文化是传统节日与传统文化的融合。"也有学者将节日看作文化的一部分。还有学者从文化学的角度分析，从物质文化和精神文化两个层面分析传统节日文化的形态与属性。传统节日是传统节日文化的载体，传统节日体现了传统节日文化的深刻内涵。传统节日在民族与国家的漫长探索与实践中逐步形成，它既是一种历史文化，也是一种民族文化。

中国传统节日文化是中华文化的时间脉络，凝聚着中华民族的情感、思想理念与价值观，传承至今。传统节日文化是中国传统文化的重要载体，是发扬现代文化的根基；传统节日文化是宣扬中华美德的必要方式，是构建社会主义核心价值观的重要基石；传统节日文化是中华文化的创新源泉，是坚定文化自信、实现中华文化创造性转化和创新性发展的重要精神力量。

第一节 中国传统节日文化的内涵

中华民族历史悠久，传统节日是中华民族文化的重要组成部分，它凝聚着历代劳动人民的智慧和情感，以群众喜闻乐见的形式传承不衰，以丰富多彩的民俗文化令华夏子孙世代陶醉和向往，以约定俗成的民间礼仪陶冶和锤炼着民族的品格和个性，以欢乐、祥和的氛围弘扬着民族的美德和精神，其所具有的穿越历史时空的文化内涵，是中华民族珍贵的历史记忆与文化遗产。

一、中国传统节日文化的概念界定

不可否认，节日属于文化范畴，传统节日也是一种文化。传统节日文化根植于农耕文化、游牧文化和渔猎文化中，穿越了历史长河，保存了民族传统及多方面的习俗精华，是以文化活动、文化产品、文化服务和文化氛围为主要表象，以民族心理、道德伦理、精神气质、价值取向和审美情趣为深层底蕴，以特定时间、特定地域为时空布局，以特定主题为活动内容的一种社会文化现象。它是人类文化的组成部分，是社会文化的重要分支，是观察民族文化的一个窗口，是研究地域文化的一把钥匙，它没有绝对固定、一成不变的内涵和外延。

二、中国传统节日蕴含的文化观念

作为中国优秀传统文化的重要组成部分，传统节日蕴含着丰富的文化内涵与独特的精神价值，集中体现了中华传统文化的核心价值，生动展示了中华民族的精神世界。

（一）天人合一的世界观

自古以来，天被看成世界的主宰，是有意志的人格神，天与人的关系就是人与神的关系，进而发展到追求天道和人道的和谐统一。天人合一是中国哲学的基本精神，也是中国哲学异于西方的最显著的特征，其意蕴广远，不宜简约叙述，言之极精要。中国自唐虞以来，即有天人合一的思想。敬天即所以爱人，爱民即所以尊天。天人合一，实际包含了天定胜人与人定胜天两个观念。中国的思想，不偏于天定胜人，亦不偏于人定胜天。中国人极富有宗教精神，此为中国文明的特征，我国的传统节日与民族独特的阴阳合历紧密地联系在一起，是人们认识和对待自然的一种感情，深刻地反映了天人合一、顺天应物的思想，形成了中国人崇尚"阴阳和谐、天人合一"的世界观。

（二）自由平等的政治观

中华人民共和国成立以来，当代中国政治观念呈现出新旧转换的局面。然而在政治观念的转换过程中，传统政治观念起到了重要的作用，在经受外来政治观念冲击的基础上，中国人的政治观念实现了由传统向现代的转换。即先是中国传统政治观念对西方政治观念进行选择性的吸收，然后再以马克思主义政治观念为核心，融合了中国传统政治观念和西方现代政治观念。可见，中国传统文化以及传统政治观念在转换过程中起着重要作用。

古代的王侯贵族会在传统节日与民同乐、共度佳节，此时的传统节日被执政者加以利用，以彰显其以孝、德治理天下的执政理念；现代春节期间国家领导人及地方政府领导，会对老干部、退伍军人、退休工人等进行慰问和团拜活动，甚至亲自走访节日期间坚守各自岗位的工作人员并致以问候。一方面，传统节日体现了目前执政党为民、亲民、自由、平等的执政观念，是政治文化非常明显的表现；另一方面，执政党的这些执政理念以传统节日为载体达到了很好的宣传效果。中国传统节日被赋予了普天同庆、天涯共此时之类的辞藻，寓意着当代中国政治观念中的一些最基本的价值观念，如民主、共和、平等、自由、权利等，在中国传统节日中都得到了体现。

（三）乐观向上的人生观

在古代，中国的传统节日是和原始的崇拜、迷信禁忌有关，后来随着历史的演变、民众的文化意识的觉醒，传统节日中迷信色彩越来越少，融入了更多的娱乐成分，使传统节日更具欢快、喜气的气氛和丰富多彩的活动，如元宵节"谁家见月能闲坐？何处闻灯不看来"，清明节"风景清明后，云山睥睨前"，端午节"画鹢回来合，大竞长江流"，这些都是人们积极参与传统节日的生动体现，我国传统节日中的这些休闲娱乐文化穿插于人们日常生活中，不仅可以使人们获得精神的愉悦和身心的放松，进而消除工作上的疲劳，调动和激励人的积极性，还可以培养积极向上的人生观，促进人的身心健康发展，从而促进社会主义精神文明建设和构建和谐社会。

（四）贵和尚中的观念

首先，在传统节日的时间设定上鲜明地体现了这一思想。传统节日的时间设定遵循"月日同数""月内取中""年内对称"的原则。例如，正月初一春节、五月初五端午节、八月十五中秋节、七月初七七夕节、九月初九重阳节等，这种时间设定的节日安排是传统节日文化中庸和谐的中和观念的生动写照。

其次，传统节日体现了人与自然的和谐。传统节日的设立是依据自然节气的规律性变化，充分体现顺应自然、尊重自然的和谐观念，是人与自然和谐相处的重要表征。即使是节日期间的饮食习惯和娱乐项目也体现着人与自然的和谐。饮食习惯体现的和谐思想表现在：春节正值冬春之际，水美鱼肥，餐桌上必不可少的鱼同样寓意着"年年有余"的美好期盼；端午节，粽叶飘香，自然清香的粽子就成了首选；中秋节，是收获的时节，各色水果成了主角。娱乐项目所体现的和谐思想：清明节正值初春前后，万物生机勃发，正是人们融入自然、享受自然的好时机，踏春、放风筝是必不可少的娱乐项目；端午节的龙舟竞渡，也是适宜的节日活动；中秋节是收获的节点，家人团聚，拜月、赏月，可谓"花好月圆人团圆"；春节放鞭炮、逛庙会为冬日里增添了温暖的节日气氛。这诸多的娱乐、饮食等节庆民俗，都是依据自然时序而逐步积累形成的，不但寄予着人们美好的节日祝福，而且与自然保持着一种和谐的关系。

最后，传统节日也能够促进人自身、人与人之间、人与社会之间关系的和谐。节日往往伴随着丰富的活动，如除夕守岁、清明踏青、中秋赏月、重阳登高等，这些节庆活动能够使民众广泛参与，放松心情，调节身心，处于一种健康愉悦的良好状态中。人们在参加节日活动的过程中，能够扩大交往、互送祝福，是促进人与人之间关系和谐的重要契机。而且一些少数民族也非常重视新年，邻里间有矛盾者会借新年的契机相互主动解除恩怨，和好如初。

人与人之间的和谐是社会和谐的基础，节庆活动能够增进人们之间的情感交流，从而能够促进社会的和谐发展。特别是依托节日促进两岸关系的和谐是非常重要而有力的举措，两岸有着共同的文化根脉，有着相同的文化价值观念，可以充分利用中国传统文化的凝聚力和感召力，增强文化认同和民族认同。通过共同的传统节日认同不断深化、扩大两岸文化交流，共同繁荣两岸优秀传统文化，促进祖国统一。

春节期盼家和团圆，中秋节寄托人月团圆。节日文化中展现的人与人、人与自然、人与社会和谐的中和思想，首先是表达对家和家人和谐团圆的期盼，在此基础上，衍生出促进自然、社会和谐的期盼和愿望，它所表达的是最朴素的"家的情怀"。

（五）孝道至上的观念

春节，人们不远千里回家团聚、晚辈向长辈拜年、行礼送祝福是孝的具体表现，而且也会在过节时主动为父母分担家务，自觉地践行"孝"的责任。很多地区在新年都要举行祭祖、敬祖的仪式，祭祖仪式是一个家庭历史和记忆保存的重要载体，在春节这个特殊时刻，一些海外的子孙大多也会回乡祭祖寻根，这种仪式是对"孝"的传承与弘扬，在这种仪式中"孝"更显庄重和具体，在一祭一拜之间使中华美德得以传扬。

清明节扫墓祭祀，缅怀先祖，子孙表达对祖先的敬孝之心，是中国孝道文化的体现。近年来，更是增加了清明公祭的仪式，祭拜我们共同的祖先——黄帝，通过黄帝文化提升对祖先的认同，同时增强两岸同胞对黄帝文化的了解和认同，凝聚人心，塑造共同的价值观。而且这种"孝"在不断地延伸，通过祭拜共同的祖先，使孝道的践行不仅停留在与自己有血缘关系的亲人身上，还升华为对社会所有老年人的大孝和大爱，在情感上、心灵上真正地关爱和尊重社会上的老年人，真正做到"老吾老，以及人之老"。

最能体现中国传统节日文化孝道精神的是重阳节。重阳节又称敬老节，会通过举行一些敬老爱老的活动，来树立敬老爱老的社会风气，促进社会的和谐。"上老老而民兴孝"是对重阳节文化内涵的诠释，有些地方在重阳节时组织老年人登山秋游，不仅能够交流感情，还使其身体得到锻炼；或者组织学生参与敬老爱老活动，给老年人带来欢声笑语，同时让学生确立尊老敬老的意识。这些节日活动无不蕴藏着敬老侍亲、孝道至上的文化内涵。随着中国人口老龄化趋势的加剧，在全社会弘扬"孝"文化，尊老敬老，能够通过社会力量解决老龄化问题，使越来越多的人关注老龄化问题，关心老年人的生活，是增进社会和谐的有效途径，能够让老年人感受这个时代带来的满满的幸福感。

（六）爱国爱家的观念

传统节日以其独有的文化氛围增强人们爱国爱家的情感。春节欢聚、清明节感恩、中秋节团圆、重阳节敬老，每个节日都有鲜明的主题，易于营造良好的文化氛围。传统节日能够增加人们对祖国的热爱和对中华儿女身份的认同。特别是春节，节日氛围更容易渲染自身的爱国爱家的情感。春节举国欢庆，很多人会选择全家人一起观看春节联欢晚会，一起守岁跨年，甚至从小到大都是这样，在每年的惯例中产生潜移默化的影响，希望家庭团团圆圆、和和美美，希望祖国越来越繁荣昌盛。中国年对每个中华儿女来说都是一份特殊的存在，有着独特的记忆，最容易激起对亲人、朋友、国家、民族的感情，唤起人们的民族记忆和家国情感，所以中国年文化的氛围是爱国爱家这一家国情怀的沃土。

另外，传统节日以其特有的文化活动培育人们爱国爱家的意识。清明节是中国人扫墓祭祖的节日，人们缅怀先辈、寄托哀思，是对先辈的爱与铭记，而且缅怀英雄、纪念先烈，能够激发自身的爱国主义精神。端午节作为中国的重要传统节日，不仅有驱瘟避邪等民间习俗活动，还有纪念屈原、竞渡龙舟等仪式，人们在仪式活动的参与中，爱国爱家意识得以培育。中秋节与家人团聚，吃月饼、赏月、拜月，即使不能团聚，也能通过共赏一轮明月或利用网络化的方式表达思乡念亲之情，表达期望民族团结和祖国统一的爱国思想。重阳节的登高、赏菊、敬老等活动，是培育人们敬老孝亲意识的有效活动形式，对老年人的关爱是爱国的有力行动。所以，这些传统节日无不包含着爱国爱家的情感，对培养人们的家国情怀有重要的意义。

（七）平安吉祥的心理追求

团结和睦是我国传统文化的基本精神之一。中国传统节日蕴含着丰富的和谐理念，节日的源起便是先人将自然时间进程与社会生活节律有机结合的产物，体现着"天人合一"的理念；节日中的各项娱乐活动、人际交往、饮食安排等都体现着人与自然的和谐、人与社会的和谐、人与人的和谐。

除夕之夜，阖家团圆，一家人聚在一起包饺子，圆圆的饺子皮象征着团圆。春节里的"拜年"活动，使亲朋邻里之间消除了隔阂，增进了团结，可谓"一声恭喜，互泯恩仇"；元宵节，全家围坐在一起吃汤圆，又表达了人们希望生活团团圆圆、和谐美满之情；七夕节，牛郎织女的凄美传说，将中国人天长地久的爱情演绎得如此唯美、浪漫；中秋节，团圆团聚、家国和谐，是中华民族永恒的憧憬与追求；重阳节，登高赏菊，寄托着人们健康长寿、实现人生境界步步高的美好愿望。

（八）丰富的审美情趣

中国传统节日体现出人们对审美的追求，人们通过一系列的节日仪式展示服饰之美、人情之美、艺术之美及饮食文化之美等。中国传统节日被称为"岁时节日"，这是因为中国传统节日文化是农业文明的缩影。在古代社会，"中国农民日出而作，日落而息，年复一年地默默劳作，单调而闭塞的生活，需要一种高情感的精神发泄，需要不断地过节来进行精神调节"。农民所做的农活大多脏乱、粗重，所以对勤俭的农民来说，他们很少有机会穿新衣、戴新帽，只有在过节的时候才能精心打扮自己。因此，多姿多彩的服饰成为人们在节日里追求的美。无论是在封建社会，还是在 21 世纪的今天，人们都没有放弃对服饰的追求。随着社会的进步和人们思想的开放，服饰不断地在时尚潮流中得到创新。百忙中的人们通常会在节日的空闲中，通过购买和穿着新衣来表达对美的向往和追求。

此外，中国传统节日还十分重视饮食文化。在中国诸多传统节日中，能够体现饮食文化之美的传统节日不占少数。例如，春节守岁的年夜饭，饭桌上除了热腾腾的饺子，还有象征着"年年有余"的鱼；每逢端午节，人们便包粽子，吃粽子；农历八月十五的中秋节，人们在赏月之余，还会品尝象征着阖家团聚和欢乐的"团圆饼"——月饼。

综上所述，随着岁月的推移和中华文明的发展，传统节日不断被多种社会文化因素润泽、渗透，有民间传说的嵌入，有宗教活动的影响，有民族智慧、情感、生活习性的融合等，节庆内容不断得到充实和丰富，每个传统节日都形成了特定的文化内涵与价值。

三、传统节日文化内涵与现代过节观念的冲突

根植于传统农业社会的传统节日的一大特征就是"万物有灵"，并由此而

派生出自然崇拜和祖先崇拜。传统节俗活动大多是对自然崇拜、原始信仰和宗教观念的反映或遗留。传统节日的许多节俗活动和仪式就是自然崇拜和祖先崇拜的观念反映。例如，春节贴对联、放鞭炮是为了辟邪；端午节吃粽子、赛龙舟是为了纪念屈原；中秋节吃月饼是为了追求家庭团圆、幸福等。然而，"万物有灵"的观念与现代社会的科学精神却是背道而驰的，巫术思维和宗教思维更与现代社会的理性思维水火难容，这让我们在面对传统节日时不可避免地陷入两难的境地：我们如何才能在满脑子都是科学信仰的时候拜祭祖宗、祈求幸福？我们如何才能理直气壮地一边念叨着理性和无神论，一边满怀敬畏情怀地为神明和祖宗烧香、烧纸？这些尴尬和困境让我们与传统节日的一些节俗活动拉开了距离，觉得它们的存在似乎是不合时宜的，并由此使我们产生冷淡的情绪，这都对传统节日的传承构成了阻碍。

传统节日的节俗仪式似乎难以适应和满足现代社会对节日的需求。以先赋性社会关系为基础的中国传统节日，难以满足当代人为后致性的个人社会关系提供庆贺的节日需求。在当代社会，血缘关系逐渐让位于业缘关系和地缘关系，后致性的个人社会关系的重要性逐渐增强，西方节日具有开放性的特性，且节日活动丰富多样、浪漫有趣，符合了当代人对节日的需求，因而对当代人更具吸引力。然而，传统节日却多以家庭为单位进行活动，家庭成员的缺失就会使传统节日的意义丧失。如果能够转变传统节日活动的参与模式，解决传统节日活动的参与模式与当代对节日需求的错位，就会对传统节日的传承起到很大的推动作用。

（一）社会价值观念变迁动摇传统节日的传承基础

传统节日节俗仪式的变迁涉及形式和载体的变化，这些变化是随着社会变迁而变化的。中国正处在从农业社会向工业社会转型和从农村社会向城市社会转型的社会转型期，社会转型将从根本上改变人们业已形成的传统习惯和生活方式，传统节日的改变便是其中的鲜明例子。根植于农业社会文明中的传统节日的许多节俗与人们对农业社会的认知密切相关。然而，社会的急剧转型却使人们对传统节日的价值观念在态度和行为上发生了变化，以致许多节俗逐渐被人们抛弃和遗忘，传统节日淡化程度加剧，其文化内涵和社会功能日益削弱。

传统节日的大部分节俗都是农业社会的伴生物，萌生于以农业生产活动为特点的农业区域。农业社会文明赋予传统节日以实际的文化效用和生活效用，在人民群众的思想和生活领域中扮演着十分重要的角色；而社会转型使许多传统节俗活动与日常生活的关联性锐减，传统节日在日常生活中的指导作用和社会功能被明显削弱，这一价值观念上的变化直接动摇了传承传统节日的思想基础，使传统节日逐渐与一般节日无异，神圣性和重要性日渐瓦解，进而动摇传统节日传承的行为基础。人们对待传统节日越来越随意，以致进入现代社会的传统节日逐渐沦为一种文化习惯存活于世，使民众日益觉得传统节日越来越没意思。

（二）功利思想侵蚀传统节日的文化内涵

传统节日期间，婚礼、生日、升职、乔迁等各类聚会酒席不断，随份子成为当代人生活中不可或缺的一部分。随着经济生活水平的不断提高和中国人对面子文化的重视，份子数额不断加大，逐渐成为一般民众的负担。以春节为例，近年来，日益高涨的过年支出逐渐成为过年所需考虑的一大因素，超负荷的支出使传统节日的应有之义发生扭曲。传统节日期间的支出大致可以分为经济支出和情感支出。从经济支出的角度来看，人们在过节期间的许多花费实非必要，攀比心理和面子文化使传统节日花销最终超出了许多人的预算，甚至难以承其重，因此许多人谈"节"色变；从情感支出的角度来看，传统节日期间的情感支出主要体现在人际关系网络的维持上。传统节日期间人际关系的维系和巩固似乎只有通过各种聚会和酒席才能成功，可是传统节日期间形形色色的各种聚会出于联络感情这一本意的少之又少，人们碍于情面又不得不去，难免心生不满。虽然能应对频繁的聚会酒席，但各种关系却难以处理得当，一旦聚会之间的时间冲突解决不当，还可能会导致一些人际关系走向终结，付出重大的情感成本。

（三）现代节日观念与传统节俗禁忌之间的矛盾

社会思想观念的变迁使人们对待传统节日的态度有了变化，不再心怀虔诚地将传统节日的各项节俗活动无一遗漏地传承下去，而是根据自己的时间和需要加以选择，这也是传统节日节俗日渐单一、对民众吸引力日渐走低的原因。传统节日自形成以来就不仅有热闹喜庆的节俗活动，还有许多的忌讳和禁忌，如初一不扫地，正月不理发、不买鞋、不动针线、不动剪子等。禁忌习俗的长期流行，反映了人们在过年之际的一些担忧和期盼，诸多禁忌的设置是为了保证人神之间和谐交流的顺利达成。从文化人类学的角度来看，这并非简单的迷信，它表达的是一种情感，寄托了人们对未来的美好愿景。而在现代社会中，这些禁忌和节俗却被当成封建迷信，遭到一味排斥和破除。

以前人们讲究正月不剃头，说"正月剃头死舅舅"，而如今，即使在正月，理发店的生意依然红红火火；以前人们相信"出嫁闺女，大年三十不看娘家灯"的禁忌，而现在许多新婚夫妻却为过年去婆家还是回娘家闹得不可开交，甚至会出现"各回各家，各找各妈"的情况。祭灶神、接神仙、请祖先等民俗活动的情况就更糟糕了，人们对神灵和祖先少了敬畏之心，对传统禁忌少了敬畏之心，我们的传统节日形式变得越来越随心所欲。不吃腊八粥、不忙年，不吃粽子、不划龙舟，不插茱萸、不登高，我们在抛弃封建迷信的同时，也将许多传统节日节俗抛弃，就如同"泼洗澡水连孩子一起泼掉"一样，得不偿失。

第二节　中国传统节日文化的特点与功能

一、中国传统节日文化的特点

不同的中国传统节日往往被赋予了不同的主题旋律与文化属性，如守望家园、农耕文明、美好愿景等。有关中国传统节日文化的基本特征，本节主要从以下五个方面进行详细介绍。

（一）中国传统节日文化的民族认同性

民族认同，就是对本民族国家历史与文化的高度认同，这种认同不仅表现为文化自信，还表现为心理上的自我接纳。党的十九大报告提出："深化民族团结进步教育，铸牢中华民族共同体意识，加强各民族交往交流交融，促进各民族像石榴籽一样紧紧抱在一起，共同团结奋斗、共同繁荣发展。"中华民族的形成"是不同民族群体不断接触、交流、分化与融合的结果"。这就决定了中华民族的文化既有同一性，也有多样性，各要素之间为互补关系。

民族认同性在传统节日文化中不仅体现在同一民族内部，还体现在不同民族之间。例如，春节便与蒙古族的"白节"相符，吃饺子和放鞭炮等是相似的风俗。满族人民在汉族文化的熏陶下，积累了丰富多样的农历新年习俗。例如，与汉族一样，正月十五"闹花灯"；二月初二的"锁龙"则与汉族的"龙抬头"有异曲同工之妙。白族也过清明节、端午节和中秋节，锡伯族的传统节日包括春节和端午节。由于存在大杂居、小聚居的民族地域生活方式，不同民族之间共享节日文化。例如，据不完全统计，贵州的少数民族节日超过1 000个，其中，大型少数民族节日也有百余个。借助民族传统节日的机会，集民俗风情、传统艺术、民间体育以及贸易活动于一体，成为促进民族团结的盛会。

（二）中国传统节日文化的伦理规范性

遵从伦理道德是人类社会属性的根本表现之一。伦理道德规范着人类的生活观念与言行举止。中国传统文化奠定在"成教化，助人伦"的基础上，中国人一向讲究慎终追远。传统节日盛典正是以一种庆祝、娱乐的方式渗透着崇拜祖先的思想，与祖先分享劳动成果与美好生活。

中国传统节日文化伦理道德的规范性主要体现在以人为本的人伦秩序和人际关系模式上。从我国传统节日的类型与内容中不难发现，大多数节日都反映了岁时俗信，这正是以节日为载体的伦理教化。例如，在这些节日习俗中，人们礼尚往来，尊老爱幼，载歌载舞，开展祭祀活动以及有一些风俗节日的禁忌等，这些无不渗透着伦理教化的思想。

（三）中国传统节日文化的生活调适性

人类的生活与发展实际上处于不断突破、不断创新、不断适应的动态过程中，传统节日也成为人们调整生活的重要手段。借助"过节"的机会，人们改善日常生活、放松身心，起到了调适生活的作用。在现今的市场经济大环境中，很多休闲项目都围绕着"传统节日"大做文章，"节日经济"迅速崛起，引起了社会各界的广泛关注。根据不同节日主题而设计的休闲项目，满足了人们放松身心、娱乐身心、调节身心的现实需求，体现了人们生活品质的提升，追求更为丰富的精神文化需求，渴望得到精神层面的满足，在节日休闲活动中开阔视野、增长见识、践行伦理、熏陶灵感，以提升身心素质，获得全面发展。

在多重生活压力下，休闲成为人们调整紧张生活节奏的主要形式，与此同时，休闲也成为一种文化现象，从古至今休闲在人们的生产生活中都扮演着重要的角色。同样以传统节日为载体的休闲文化，自然也对调适生活有积极的、独特的影响。追溯到唐代，我国的节日文化就被赋予了重要的"娱乐功能"，如宴请宾客、游山玩水，唐代人在各种各样的节日娱乐中品味生活、会友交际，从而解脱烦恼、开阔胸襟。由于不同节日的主题内容不同，休闲娱乐的方式不同，对生活的调适作用也有区别。例如，自古以来，庙会活动就与娱乐休闲相联系。再如，土族的纳顿节上，人们"跳法拉"、驱邪消灾、祈福祈愿，既是一种心灵宣泄，也是一种精神娱乐，起到了调适心理与生活的作用。在传统节日的文化氛围中，人们津津有味地参与其中，"农忙的辛苦劳作在这一刻得到了慰藉，人们疲惫的身心由此也得到了补偿与回报"。由此可见，中国传统节日文化在身心互动层面发挥着生活调适性功能。

（四）中国传统节日文化的幸福祷告性

中国古代节日往往与宗教神话、农时节令密切相关，人们在传统节日中进行幸福祷告，表达了对美好生活、农耕丰收、平安幸福的期盼之情。例如，在唐代很多节日习俗中，人们祷告远离灾难、战胜疾病；再如"九月九日登高"，也预示着要逃避生死之灾；正月晦日的"乞富贵与送贫穷"，形成了一片"年年到此日，沥酒拜街中。万户千门看，无人不送穷"的热闹景象。除此以外，为了纪念祖先功绩、表达对祖先的敬重与怀念之情而祭祖，为了获得精神力量支撑、祈祷家人平安幸福而祭神等，这些都体现了中国传统节日文化的幸福祷告性功能。

在少数民族特别是笃信宗教信仰的少数民族同胞中，节日祷告文化大量存在。例如，中国香格里拉白地纳西族传统节日"二月八"的早上家家户户都要祭祀畜神以求一年之中家里六畜兴旺；在苗族的传统祭祀大典"鼓藏节"上举办的仪式用以缅怀祖先，祈求风调雨顺、无灾无难、六畜兴旺、子孙发达。人们借传统节日的机会进行幸福祷告，表达中华民族在千百年历史中人们对物阜民丰的期望。

（五）中国传统节日文化的身心契合性

中华传统文化讲究和谐之美，只有实现个体身心和谐，才能达成社会整体和谐。换言之，想要构建和谐社会，必须发挥人的主体作用，只有这一主体的身心保持健康，才能确保整个社会的积极向上、和谐发展。同样，人的身心和谐是在丰富的社会实践中通过不断调整、不断适应、不断实现来达成的。

在社会实践中，以中国传统节日文化为载体，促进了人们的身心契合，也就为构建和谐社会打好了根基。例如，春节在立春前后，一元复始，大地回春，万象更新，春花灿烂，芳草如茵，适合举行各种庆贺新年的活动。再如，西藏地区有很多当地特色的传统节日，或在特定的季节，或在喜庆的日子，通过丰富多彩的游戏活动、体育竞赛等庆祝节日的到来，人们在节日里释放情绪、娱乐身心，达到最佳的身心和谐的精神状态。例如，每年举办的"赛马节"，既能强身健体、竞技娱乐，也能放松身心、祛病消灾，激烈的赛马运动承载着藏族人民的美好心愿，得以代代传承。中国传统节日文化的身心契合性，尊重了每一位华夏子女的生命体验。

二、中国传统节日文化的功能

唯物史观认为，社会意识对社会存在具有能动的反作用，社会意识作为精神产品，一旦为人们所掌握，会转化为物质力量，从而影响社会存在的发展。社会意识形态既产生于社会存在又服务于社会存在并建构社会存在。传统节日是中华民族宝贵的精神文化遗产，凝结着中华民族的民族精神和民族情感，承载着中华民族的文化血脉和思想精华，是维系国家统一、民族团结和社会和谐的重要精神纽带，是建设社会主义先进文化的宝贵资源。研究和推广传统节日文化，必将有利于形成强大的民族凝聚力和实现中华民族的伟大复兴。

（一）文化展示功能

传统节日是一种展示民族文化整体面貌的社会行为。一般来说，理想状况中的民族传统节日是对一个民族传统生活集中而充分的展现。在节日民俗中，节日活动或仪式中的各种行为建立并展示了一个民族文化的整体系统，因此节日民俗本身就成为民族的文化载体，人们对民族文化的认同可以转向传统节日本身，节日民俗于是成了某种文化的代表。可以说，节日是"镜子"中的某些传统文化现实，从中可以发现如价值、行动方式、社会关系结构、审美情趣等方面的文化原型。世界上几乎每个民族都有自己的大型民族节日，这种节日是整个民族文化的全景展示和独特表演，它们成为国家和民族的一种文化象征，受到世界各国人民的喜爱。中华民族的节日丰富多彩、文化传统深厚，有着多元一体的文化基础和文化传承。我们可以看到，中华民族的许多优秀道德和价值观念常常通过节日民俗得以展示，例如，中国传统节日倡行的人际关系上的互敬互助、淳朴诚实、公平竞争、人与自然和谐相处、生存价值求优等。中国传统节日也有着丰富多彩的表现形式，有精湛的艺术和独到的技艺，如民歌、舞蹈、民族服饰、民族美食、手工艺术、仪式表演等，它们都代表了人们世代享用的民族文化，是民族身份的象征。因此，传统节日民俗常常能够成为民族文化的载体。

传统节日不仅是一个展现民族文化生活图景的窗口，还是一种具有象征意义的体系，更是一种用行动和符号书写的文化文本。浏览一下浓墨重彩的中国传统民俗节日画廊就会发现，几乎每个节日都是以异彩纷呈的民俗符号为载体的，一代代地传达着中华民族特有的生活方式和思维方式，以及民族生活所有的抽象文化意蕴。可以说，传统节日就是一个巨大的象征体系，借助特定的具体事物，寄寓于某种精神品质或抽象事理，通过联想的作用，把主观意识托付于客观事物，是特定的具体事物象征客体显现出的抽象意蕴。因此，我们还可以发现，传统节日往往为人们提供某些共同遵循的社会观念和行为模式。例如，节日中的口头讲述和行为表演往往由关于人、神、鬼的信仰组成，其中与荣誉、美好、刚毅相关的象征总是在各种形象关系中体现，它让人们明白好坏、善恶、美丑等。当一个群体以节日的形式表达自己传统的时候，他们会将民族的世界观、价值系统公开，让人们分享、交流和实践。节日为人们提供了相互沟通和理解的公共世界，传达出某些这个民族共享的文化知识和观察生活、了解世界的认知方式，充分显现一个民族文化和价值意识的原型。传统节日承载着一个民族的文化血脉和思想成果。同时，从文化传播的角度而言，继承并弘扬中国传统节日文化，也有利于促进世界多元文化的交流与传播，增进异质文化区域的民众对中国文化的正确理解，提高中国文化的全球影响力。因此，民族传统节日的这个性质及作用决定了我们要高度尊重自己的节日传统，继承和发展这个传统，坚持自己所拥有的以传统文化为基础的民族身份，全面进入当今经济全球化时代的各种现实关系中，实现自身价值，促进民族的振兴与进步。

（二）礼乐教化功能

中国传统文化是一种典型的伦理型文化，它要求广大民众在社会生活中都必须遵循"礼"的规章和"乐"的法则，寓教于礼、寓教于乐，对民众进行礼乐教化。作为中国传统文化的重要表征和显著标志，中华民族传统节日具有深厚的礼乐文化内涵，包含着许多至今仍然适用的优秀元素。中国传统节日充分体现了礼乐文明中的"礼"文化，即通过"礼"来表达更多的中国文化精神，让"礼"渗透在中国人的整个生活空间中。因此，中国的传统节日都有相应的礼节、仪轨。例如，清明节有远足踏青、祭拜祖先之礼；端午节有吃粽子、划龙舟、缅怀忠烈之礼；中秋节有赏月、祭月之礼；等等。这些礼节、仪轨体现着中华民族特有的道德精神，使道德精神得以落实到现实生活、实际行动中，从而教化、规范民众的行为。传统节日体现了"仁"文化，是"仁爱"思想的传承载体，有着亲情、友情、爱情等文化内涵。传统节日体现了"孝"文化，广大民众对清明节、重阳节等礼节习俗的遵奉，本身就是孝道的体现。传统节日体现了"和"文化，中华传统节日一向追求家庭和睦、社会和谐的美好境况。春节合家团圆，邻里乡亲互相拜年，其乐融融；清明节远足踏青、祭拜祖先，既追求人与自然相和谐，又促进人与人之间以及家族之间的团结与和谐；中秋节人们之间互赠礼品、一起拜月赏月，更可以加深相互之间的了解，增进友谊，构建和谐美好的人际关系。

传统节日礼乐文化为构建社会主义和谐社会提供了重要的思想借鉴。首先，传统节日是维系社会人际关系和谐的重要纽带。传统节日具有贵人伦、重亲情的特点，体现了中华民族的传统伦理和礼俗。传统节日有利于构建社会成员之间的良好关系。例如，中秋节以家庭团圆为主题，春节在加强人际交流方面更为突出，特别是在现代社会中，我国原有的以亲属、伦理关系为纽带的社交网络发生了很大变化，人员流动日益频繁，工作节奏不断加快，人们需要通过传统节日这个平台，利用亲友相聚的机会加深彼此之间的感情，增进相互之间的友情，培植人与人之间的和睦关系。其次，传统节日礼乐文化有利于树立人与自然和谐相处的理念。传统节日的设置体现了人与自然和谐的理念。中国传统节日大多与天时、物候的周期性转移相适应，是先人将自然时间进程与社会生产活动节律有机结合起来的产物，充分体现了传统文化中"天人合一"的观念。最后，传统节日礼乐文化有助于倡导良好的社会风尚。传统节日有着丰富的礼乐文化内涵，体现了我们民族的道德追求。例如，端午节纪念屈原、七夕节歌颂爱情、重阳节注重敬老孝亲等。传承与弘扬传统节日礼乐文化，有利于形成良好的道德风尚和精神风貌，有利于构建社会主义和谐社会。

总之，中华传统节日以其丰富的礼乐文化内涵和周期性、民族性、群众性的特点，深深融入人们的日常生活和精神世界中，是维系国家统一、民族团结和社会和谐的重要精神纽带。它蕴含着朴素的宇宙意识、淳朴的感恩情怀、深厚的家庭温情以及健康积极的娱乐审美方式，传统节日中所体现出的仁义、忠孝、廉耻等礼乐文化基本品格对我们现代生活仍然发挥着巨大的作用。特别是物质生活丰富的同时，更需要人文思想滋养自身，追求时尚更需要民族文化来完善自我。在当今物质文明高度发达、消费主义盛行以及"西俗东渐"的时代，引导国人尤其是青年正确对待本民族传统文化，传承中华民族积淀数千年的传统节日文化遗产，对国民素质的提高、民族精神的培养以及社会主义和谐社会的构建都有着非常现实和深远的意义。

（三）民族凝聚功能

传统节日具有极强的民族凝聚功能，是增强民族认同感和社会凝聚力的重要渠道。节日文化是民族性格、民族文化的集中展示，是文化认同、民族认同、国家认同的重要标志，正如"构成民族界限的，不是河流也不是山脉，而是跨越河流和山脉的传统文化"。民族传统节日承载着民族的文化血脉，积累、继承、发展并周期性地展示自身的传统，它可以把拥有共同文化传统的成员黏合到一起，产生巨大的亲和力与认同感，甚至是某种强烈的政治追求。传统节日的参与者具有广泛性、群众性，节日习俗既能使其民族成员分享自己的文化认知，也能使大家分享情感，传统节日可以成为一定文化民众的心理和观念载体，它能够规范群体的情感、心理和意识活动。丰富多彩的节庆活动散发着很强烈的亲和力，在节日的气氛中往往还存在着一种煽动感情的力量，它把人们凝聚在一起，形成一股整体性势力。人们在这种力量的感染下，会在精神意识中产生某种共同的认知和投入更多的情绪，这样的认知和情绪如果在人们的行为、思想或感情方面发挥作用，就会导致自觉向传统文化中寻求某些自身的东西。甚至还有许多学者认为，民俗节日拥有意识形态的功能，这种功能有可能提供具有权威性并有意义的概念，来构建民族情感、民族认同和民族和谐发展的观念，使民族意识自动地形成。在这个意义上，民族传统节日对追求民族身份、民族认同、民族地位、民族利益、民族权利等有着重要的意义。

中国传统节日是中华民族传统文化的重要载体，是凝聚和传递中华儿女民族感情和民族精神的强大纽带。在漫长的中华文明发展史中，传统节日融合了中华民族传统文化的精华，历经数千年不断传承创新，逐步成为中华民族民族心理、民族性格、民族精神的结晶，成为中华民族的文化之根，成为中华民族文化身份和文化记忆的重要组成部分。重要节日的来临，汇聚了无穷无尽的民族情感，全世界的华人因欢度同一个节日而紧紧被联系在一起，共同牢记自己是中国人。例如，春节人们通过祭天祭祖来增加文化认同感；清明节人们通过公祭炎黄始祖来加强民族团结，凝聚民族精神。再如，自2005年开始，每年清明节，国家在陕西省黄陵县都举办声势浩大的全球华人公祭中华民族"人文始祖"黄帝轩辕的仪式。祭拜大典中，庄严、肃穆的祭祀符号、实物符号、仪式符号、言语符号等让参与者都深深感受到了中华文化的博大精深。尤其是面对当前"西学东渐"的滚滚洪流，保护和弘扬中国的传统节日文化，用传统节日文化进行爱国主义教育和民族精神培育，对青少年一代的"树魂立根"有着不可替代的积极作用。当今的时代是一个开放的时代，世界各民族的文化相互碰撞、激荡，在不同民族的多元文化日益受到尊重的国际视野中，我们没有理由忽视自己民族的传统节日。中华民族的伟大复兴在某种程度上来说，实质就是中华民族文化的复兴，文化是民族之根、民族之魂，只有"根深"才能"叶茂"。

（四）经济发展功能

节日文化是随着人类社会经济的不断发展而逐渐形成的，经济的发展为节日文化的发展与传承奠定了物质基础。与此同时，节日文化作为一种社会意识和上层建筑，对经济的发展也具有能动的反作用。弘扬传统节日文化，是拉动经济发展的需要。与节日相伴而生的是节日经济，节日经济并不是现代社会所独有的，实际上节日一经产生就具有了节日经济。随着人们生活水平的不断提高，人们的物质需求和精神需求也不断提高，现在节日消费正处于不断升级的阶段，今天的节日经济不再局限于物质层面，而是越来越注重精神层面。人们利用节日的机会外出观光、旅游、看戏、听音乐、逛书店等，这些都是新的经济增长点。商家也充分利用节日开发各种消费品和消费方式。近年来，黄金周经济的拉动作用已有目共睹。节日对刺激消费、扩大内需、拉动经济发展的作用是非常巨大的。

深入挖掘传统节日文化内涵，开发节日文化产品，是培育节日经济新增长点的得力举措，特别是运用商业途径重建传统节日的文化体系，是一条实现经济与社会文化和谐发展的有效路径。20世纪20年代，可口可乐公司通过广告重塑圣诞老人的形象，使圣诞节和可口可乐产品一道成功进入众多非基督教国家。近年来，市场上越来越受人们喜爱的中国结、灯笼挂饰、鞭炮挂饰、年画窗花等精美的传统节日吉祥符号的流行，主要就是源于商家敏锐的市场洞察力。商家出于对经济利益的追求，自发地把传统节日吉祥符号打造成具有现代流行文化时尚元素的商品，使沉寂多年的传统节日吉祥符号焕发出新的生命力。除此之外，还有众多的商家在节日活动中，利用极具中国传统文化风格的店堂布置和戏曲、杂耍、仪式等吸引消费者，既获得了丰盛的经济利益，又在客观上渲染、扩大了传统文化的影响力。

（五）生态保护功能

现在全世界都普遍关注生态环境的保护问题。当今世界，人与自然的分裂越来越严重，人为了追求自己的功利目标和物质享受，利用高科技无限度地向自然榨取，造成自然资源的大量浪费，使自然景观和生态平衡遭到严重破坏。面对日益严重的生态危机，国际上出现了生态伦理学和生态哲学的观念。生态伦理学和生态哲学的核心思想，就是要超越"人类中心主义"这一西方传统观念，树立人与自然相和谐的"生态整体主义"的新观念。这种生态伦理学和生态哲学的观念，已经成为当今全人类带有普遍性的价值观念。我们审视一下中国传统文化就会发现，它包含一种强烈的生态意识，这种生态意识与当今世界的生态伦理学和生态哲学的观念是完全相通的。

中国传统文化蕴含着丰富的生态价值思想和观念，最明显的理论特质就是对普遍和谐的追求：注重群体价值，强调人与自然的和谐一体，强调家庭和睦，追求人与社会的和谐合一；注重公私义利之辨，追求生态平衡的整体价值。中国传统文化中的生态价值模式对于我们维护生态系统的平衡、加强生态环境保护无疑有着重要的借鉴意义。当今经济和社会快速发展，人类在陶醉于自己辉煌成就的同时，也逐渐发现自己正陷入某种困境中。例如，人口增长过快，粮食严重短缺，环境污染和生态失衡等全球性问题突出。为了解决这些问题，人类正在思考各种对策。这些对策都应该以生态价值为前提和基础，因为任何社会的进步都不能以破坏生态环境为代价。

其实，中国传统文化中的生态价值理念很多都融合在我们的日常生活中，特别是蕴含于丰富多彩的传统节日民俗文化活动中。中国传统节日传承了很多文化、历史和传说，充分体现了中国"天人合一"的博大哲学思想以及和谐的生态价值理念。例如，春节礼庆活动中的扫尘除灰习俗就反映了我国人民讲卫生、爱清洁的良好习惯；清明节正值万物复苏时期，人们户外踏青、插柳，感受大自然朝气蓬勃的生命力；端午节挂艾草、饮雄黄酒、划龙舟等都是驱除瘟疫、融入自然的表现；中秋节，丹桂飘香，花好月圆，人们观花赏月；重阳节恰逢秋高气爽时节，人们登高望远，可在大自然里直抒胸臆等，这些均是人与自然的亲和，与西方近代文化中过度主张"人是自然界的主宰"形成鲜明的对照。

总之，弘扬传统节日文化，充分挖掘节日文化中的生态思想和理念，对增强人们的环境保护意识、加强人与自然的和谐、维护生态系统的平衡都有着极其重要的借鉴和导向作用。

第三节　中国传统节日文化的现状与发展趋势

传播中国优秀传统文化，要以中国传统节日文化为突破点，深刻且全面地透析我国传统节日文化的现状，有利于认清当前传统节日文化发展中存在的现实问题，有的放矢地探寻解决方案，从而进一步促进中国传统文化的发展。

传统节日文化的形成离不开民族文化的"土壤"，正是基于根深蒂固的文化理念，才能使中国传统节日历久弥新，经久不衰。本节旨在把握传统节日文化发展现状，探讨传统节日文化在当今社会发展中所处的现实困境并剖析其原因，探究传统节日文化的新发展，为传承和弘扬优秀传统节日文化提供实践依据。中国传统节日众多，四大传统节日分别为春节、清明节、端午节和中秋节。本节将围绕这四个最具代表性的传统节日重点展开。

一、中国传统节日文化的发展现状

近年来，经济全球化浪潮席卷，西方文化滚滚而来，传统节日文化在传承过程中遭遇淡化、表面化等一些困境。虽然传统节日文化近年来得到了更多重视与发展，但我们必须正视传统节日文化面临困境这一现实，对危机加以分析和研究，寻找解决方案。中国传统节日文化的发展面临的困境表现在以下几个方面。

（一）传统节日文化受西方节日文化冲击

经济全球化的不断兴起带来人才、资金和信息的世界流动，西方文化趁机涌入中国，尤其年轻一代热衷于过情人节、圣诞节、万圣节等西方节日，一度掀起了"西方热"的浪潮，由此产生崇洋媚外的思想偏颇，很大程度上削弱了对传统节日的期盼。虽然西方节日进入中国能起到中外文化交流的作用，也能刺激"节日消费"、带动经济发展，但实际上，在中国传统节日与西方洋节此消彼长的"拉锯战"中，中国传统节日文化面临着巨大的文化冲击。

近年来，中国人过洋节已成为一种潮流，究其原因在于多个方面：第一，西方国家历史上对我国展开了殖民式的文化推销，再加上当今全球经济一体化发展的经济文化大环境，为西方节日进入中国创造了优势条件；第二，西方节日文化具有鲜明的娱乐性和普适性特征，人人都能参与其中，相较于发源于农业文明的中国传统节日文化，对中国民众具有极大吸引力，使某些群体滋生文化依附心理。第三，商业推动下各种媒体炒作造势，让西方节日迅速占领中国市场，入侵年轻人的精神世界，而中国传统节日文化却因此黯然失色。

当然也要认识到，一边是西方节日走进中国，另一边则是越来越多的外国人对中国传统佳节产生了浓厚兴趣，来自不同国家的外国人越来越喜欢过中国节，尤其被中国不同节日的风俗习惯深深吸引。例如，春节放鞭炮、包饺子；中秋节吃月饼、赏圆月等。基于差异化的文化背景，也让中国节日或多或少添上了西方元素。在日本、新加坡、韩国、越南等深受中国文化影响的国家，中国节日的氛围非常浓厚，这让中国传统节日文化站上了世界舞台，进一步扩大了中国传统文化的世界影响力。例如，英国伦敦在传统的中国春节期间，组织挂中国结、写春联等活动，对华人社区举办的各种新年庆祝活动也表现出异乎寻常的热衷。博大精深的中国文化表现出了旺盛的生命力和强大的感染力。

不同文明间的文化交流和相互学习是国家文明进步的内在要求，而节日文化是文化交流的重要载体。中华文化海纳百川、兼容并蓄、绵延不绝、历久弥新，要以开放、包容的心态去看待西方节日文化对当代中国的影响，要看到西方节日文化带来的冲击，也应看到新时代环境下各国节日文化之间的互相交流。坚定文化自信，以正确的态度和方法看待西方节日文化，实现自身文化的繁荣和发展。

（二）传统节日文化形式单调化、商业化

如今一提到传统节日，人们脑海中呈现的并不是传统文化与精神诉求，而是"节日小长假"或者"商家促销打折"。在节日期间，人们收到最多的就是各种吃喝玩乐攻略，或者是披着文化外衣的产品促销信息的广告。这些反映的是传统节日文化形式在当前社会环境中的单调化和商业化。

对于传统节日在现代生活中被赋予现代元素这一观点，得到了诸多学者的认可。尤其在网络商业时代，每逢传统佳节，铺天盖地的广告接踵而至，引领着人们的消费倾向，也从侧面折射了人们在当下过剩经济中产生的消费焦虑心理。在商业利益的诱惑之下，过于放大人们的个体意识与经济消费，却完全削弱传统文化的功能。节日变成假日并且衍生出"假日经济"一词，国家政策增加了更多的法定节假日，也在无形中刺激消费，这也是由当下过剩经济中供过于求的现实情况决定的。基于消费主义思想而产生的刺激消费路径不仅局限于传统节日层面，还深入社会发展，尤其是文化发展的方方面面。

商业资本的入侵导致传统节日被经济消费牢牢捆绑，商家推出的"儿时怀旧商品""国民床单"等迅速在网上兴起，尤其在传统节日期间销售量更是持续攀升，这正是商家利用人们的怀旧心理而打出的情感营销牌，传统节日期间的怀旧主题成为新的商业增长点。在突出商业利益、削弱文化内涵的现实语境下，节日文化就变得形式化、肤浅化。

（三）传统节日文化的仪式礼仪淡化缺失

每个传统节日来临之际，人们都有相应的传统民族习俗，或是祭祀怀念，或是饮食文化，或是节日禁忌等，通过各种各样的仪式礼仪营造"天涯共此时"的节日氛围，让每个参与者都有强烈的民族共同体意识，这是身份认同，更是民族自信。但是当今人们越来越追求私人空间而试图逃离公共空间，这也让他们对传统节日文化的仪式礼仪嗤之以鼻。

传统节日中，仪式感是不可或缺的。正是因为有了各种与众不同的仪式礼仪，传统节日才有了意义与价值。仪式本身传播的是社会观念，体现的是社会实践，它更是丰富的文化要素建构的产物。在中国传统节日中，每年节日期间都有程式化的仪式礼仪活动，这也是传统节日得以世代传承、深入集体记忆的深层原因，仪式礼仪已经演变为鲜明的、有特色的民族文化"象征符号"。之所以将仪式视为一种符号，一方面在于仪式中蕴含着丰富的精神文化内涵；另一方面在于精神文化内涵亟须以形式为载体实现外在物化。从这些层面来看，仪式礼仪成为庆祝节日的重要符号，它不仅发挥着象征意义，还承担着文化认同的功能。现代社会中，越来越多的人感慨，节日越来越不像节日的样子，年没年味，节没节味，空洞的节日使人们找不到节日的感觉。传统节日与常日渐趋相同，像某种装饰品一样成了传统文化抽象的标志，对民众而言逐渐失去了以往强大的吸引力。

作家汪曾祺说过："节日仪式是一个民族集体的精神抒情诗，它里面保养着这个民族常绿的童心。"传统节日的灵魂就在于其独特的仪式礼仪，保护中国传统节日应以保护节日仪式礼仪为落脚点，但是保护文化不能误解为故步自封，最关键的是保留仪式感的象征意义，通过仪式感重塑公共生活。重建仪式礼仪的过程也是人们不断自我认定、不断感受传统文明、不断培育民族自信的过程，仪式感让人们对中国传统节日重拾信心与期待，赋予传统节日更多的时代价值。

（四）民众自身的传统节日文化底蕴不够

一方面，从问卷调查的基本认知情况来看，民众对传统节日文化的基本常识有一定的了解，但普遍停留在较为浅显的感性层面，把握的精准程度还有待提高，对其深层的内涵理解相对模糊，而所了解到的有关知识也较为零散、不够具体，并没有深入地了解传统节日的文化底蕴和知晓传统节日文化的内涵。在现实生活中对此的看法还存在着误区，一方面，不少人认为中国传统节日是几千年传承下来的，世代沿袭，不需要进行全面的认知和系统的学习，都会了解；另一方面，人们的物质生活水平日渐升高，人们在精神上的需求相对降低，摈弃了传统节日文化的深层内涵，仅关注其浅显的感性层面，又热衷于娱乐性和消费性较强的西方节日，这就不可避免地对传统节日造成冲击，未能保持传统节日的主导地位，缺乏文化自觉性，因此，人们对待传统文化的思想观念和氛围就会逐渐淡化。

（五）对传统节日文化的价值不重视

过去，人们常常把"小孩盼过年，大人望种田"这句话挂在嘴边，是因为只有在过年的时候小朋友们才会有好吃和好喝的东西，大人们关心春天来临的耕种和这一年的生计，所以，小孩子天天期盼着过年，大人期盼着年后的春种。尽管小孩和大人对过年过节有着不一样的期待，但是传统节日对每个中国人来说，都具有不同寻常的意义。如今的人们，每天的生活都像过节一样，从前那种过年过节的喜庆热闹甚至神秘感，对他们来说早已缺乏实际性的价值和现实意义。虽说"吃"文化是传统节日文化的一部分，但却不是其价值核心。而主要的历史价值、文化价值、精神价值及道德价值被逐渐消解，美德传承功能、民族凝聚功能、隐性教育功能、行为约束功能及关系调节功能被逐渐降低。人们周围尽管充斥着大量的传统节日，但都丧失了共同的价值追求。例如，将传统节日的民俗活动、仪式流程形式化，将传统节日的价值内涵、精神层面全部物化。文化就是一个符号系统，使用一系列的符号，传达着一定的价值意义。而在节日期间人们仅仅接受了节日活动的形式和享用了节日物质的本身，而没有重视节日活动和节日物质所传达的价值。

二、中国传统节日文化面临发展困境的原因

中国传统节日文化形成的基础是农业社会，反映了中国传统农业的生活模式。在现代化的进程中，人们的思维方式与生活方式发生了巨大的变化，传统节日文化逐渐与现代生活脱节，面临发展的困境。探究其原因，主要有以下几个方面。

（一）传统节日的现代转型尚未实现

传统节日是基于农业社会的血缘关系，通过在相对稳固的社会关系中形成的比较固定的仪式和礼俗来表达人们祈望国泰民安的基本理念。然而，这些体现农业社会发展特点的理念追求、固定且单一的节日仪式礼俗、非物质化的表达方式，很难与现代社会及现代生活方式融合，致使传统节日的文化内涵被逐渐淡化，人们对待传统节日更多的是停留在感官娱乐的低级层面，而对于传统节日的文化意义与思想价值的认识和思考却十分欠缺。因而，对于传统节日文化内涵与当代意义的挖掘不充分，传统节日尚未实现现代转型，尚未真正融入现代社会与现代生活中，是传统节日面临发展困境的内在原因。

（二）复杂的外部环境的冲击与挑战

当前，中国社会正面临着全转型，以农业文化为根基的传统节日在基本理念、礼仪礼俗、表现形式等方面，受到了社会结构巨变与生活方式变革的猛烈冲击。在市场经济的背景下，受利益驱动，传统节日被过度商品化，传统节日的文化内涵被异化和解构，丧失了原本的文化意义。在经济全球化的背景下，西方节日文化以其新鲜的表现形式与强势的宣传方式，吸引了很多中国人特别是年轻人的盲目追从，这给传统节日的发展带来了极大的挑战。

（三）信息革命的推动

新媒体的崛起极大地改变了人们的生活方式，新兴媒介具备的超越时空的交流方式，在给人们带来便捷的同时，缺少了精神层面的互动和情感沟通，这为传统节日倡导的通过共同参与体验以实现情感共鸣的节庆方式带来了极大的冲击。另外，政府的宣传引导与制度安排存在缺失。传统节日是民族的文化瑰宝与精神财富，对于传统节日的传承与珍视，是文化自觉的重要体现。然而，由于传统节日的宣传与保护是一项长期的系统工程，目前政府与相关部门对传统节日的宣传引导的力度与重视程度仍然不够。同时，在传承与弘扬传统节日文化中，缺少必要的制度安排，传统节日的民俗活动和娱乐活动仍缺少时间、

空间、载体和资金上的充足保障，尚未构建起完整的中国传统节日体系。

三、中国传统节日文化面临的新发展

中国传统节日文化是中华民族在漫长的历史中积累与沉淀的文化精髓，这一文化瑰宝源自民族民间，随着社会文化的演变，其风俗习惯、文化内涵也在悄然地发生变化。中国传统节日文化当前进行的新发展研究，有助于我们较全面地了解和把握当代传统节日习俗的演变和发展，探寻人民群众喜闻乐见的庆祝传统节日的内容与形式，与时俱进地实现对中国传统节日文化的继承、创新与发展。

（一）物质享受转为精神文化盛宴

中国传统节日的文化变迁，影响着人们的精神世界。正如春节凝聚着团圆家风和孝道一样，传统节日也蕴含着一代又一代中国人的文化基因。为落实"文化强国"发展战略，体现中国文化软实力，中共中央办公厅、国务院办公厅于2017年印发了《关于实施中华优秀传统文化传承发展工程的意见》，站在国家发展的高度指导建设"中国传统节日振兴工程"，进一步深化春节、元宵节、清明节、端午节、中秋节及重阳节等中国传统节日的文化内涵，形成新的节日习俗。只有自觉珍视传统节日，才能更好地增强民族认同感和文化自信，守护和传承中华民族的根与魂。

以春节为例，如今人们不再满足物质享受的期待，而是追求精神文化的盛宴。人们对春节的期待不再是穿新衣服、改善生活，更多地侧重放松身心、享受精神层面。例如，每年各级团体组织都会组织热闹的团拜会，大家聚在一起，谈友情、迎新年。在农村，传统年味儿也在逐渐改善，古老的庆典如舞龙、舞狮扭秧歌、旱船等，仍然受到大众的欢迎。城市里的年轻人也找到了自己热衷的过年方式。例如，到电影院看贺岁片，与家人、朋友一起等待"跨年"。另外，各种城市庙会、花会、民俗活动、民间艺术等活动丰富多彩，传统民俗文化融合了现代文化要素，逛庙会仍然是一种很受欢迎的过年方式。

随着人们思想观念的转变、消费能力的提高，过节更追求的是轻松、休闲、愉悦，所以既要家人团圆，也要缓解疲劳，并能享受到更丰盛的美味。很多家庭提前在酒店预订年夜饭；还有一些人利用春节去国内外各地旅游，欣赏文物古迹和自然风光，这已经成为一种时尚；每逢重要的传统节日，城里很多人都会选择到郊区欣赏乡村风光，年轻人喜欢与朋友在一起欢庆节日，趣味良多。

（二）纪念形式与活动形式的变化

随着时代的发展，人们的生活节奏逐渐加快，生活方式的改变与认知水平的提升，使更多节日纪念形式变得简单、便捷，这样既有利于保留传统的节日仪式感，也不会给人们忙碌的生活带来过多负担。例如，每年清明节按照我国习俗都要祭祖扫墓，近年来这一传统纪念形式也发生了一些变化。我国现代文明社会提倡火葬，平时有人专门打扫公墓，所以无须家人在清明节时维修、打扫，考虑到环境问题，现在也很少有人挂纸烧钱，更多的是用鲜花来表达对逝者的想念，这样的祭奠方式既简单又文明。另有身在异乡不能前往墓地的人们，还可以通过"网上墓园"在线祭奠、在线留言以及赠送虚拟鲜花。除个人家庭扫墓以外，近年来，我国在中小学开展革命传统教育，每年都会组织中小学生到烈士陵园为烈士英雄扫墓，或者参观英雄纪念碑、纪念馆、瞻仰遗迹，在现场奉上鲜花或者发表宣言、举办入队仪式、入团仪式。每年清明节，我国延安的黄帝陵都会举办庄严的黄帝祭祀活动，无数海内外华人前往参与盛大的祭奠仪式，增强了人们的民族自豪感与凝聚力。

近年来，党和政府高度关注中秋节的文化传播，组织多种多样的节庆活动。一些创意活动大多以新的形式、新的内容展现出来，而且搭载了现代人喜闻乐见的活动载体，让人们既能感受到中秋节的传统节日内涵，也能真实地感受到节日带来的快乐。

（三）旅行过节方式备受推崇喜爱

随着旅行的常态化，全家人一起旅行过年成了很多人的过年新方式。国内旅游时间短、方便轻松，成为最受欢迎的旅行方式。春节游学、亲子游、冬令营都很受欢迎。春节期间，北京、上海、广州、三亚、杭州被视为游客最喜欢的过年城市，尽管大批年轻人从城市返回家乡，但有更多的游客来到城市欢度春节。西安、洛阳、开封、成都等历史底蕴浓厚的城市也很受欢迎。在国内旅游蓬勃发展的同时，随着对外交流程度的提高，国外旅游也越来越受到大家的喜爱。随着"一带一路"的深入开展，海岛旅游已成为海上丝绸之路的璀璨明珠。泰国的普吉岛和苏梅岛、印度尼西亚的巴厘岛、越南的芽庄、菲律宾的长滩岛成为节日期间大受欢迎的旅游目的地。

中秋节、端午节等传统节日被定为法定节假日，促进了旅游市场的快速增长，传统节庆文化、民俗文化与旅游产品的结合也受到游客的欢迎。在假日旅游中，越来越多的中国游客摒弃"快餐式出行"，从"买买买"向体验文化韵味的深度转变,开辟了注重体验、注重质量、注重服务、注重文化的旅游新模式。文化是旅游的灵魂,如今民众对旅游项目体验和文化内涵体验的要求不断提高。传统节日丰富的表现形式和深厚的文化底蕴,符合民众对文化旅游产品的需求。在旅游产业提质升级、促进文化旅游融合发展的过程中,更好地把握传统节日文化与旅行的有机统一。

四、中国传统节日文化的传承机遇

(一)党和政府高度重视

党和政府高瞻远瞩,确立战略目标。党的十七大报告强调要"加强对各民族文化的挖掘和保护,重视文物和非物质文化遗产保护"。国家设立"文化遗产日",将春节、清明节、端午节、中秋节等中国传统节日列为国家非物质文化遗产名录;中宣部、文化部等联合发布《关于运用传统节日弘扬民族文化的优秀传统的意见》,要求突出传统节日的文化内涵,认真组织好春节、清明节、端午节、中秋节等最具广泛性和代表性的节庆活动;2008年,清明节、端午节、中秋节亦被国家增设为法定节假日,弥补了过去有节日却无假日的缺憾,使传统民俗习惯成为国家制度,必将为传统节日的传承、发展带来新机遇。

(二)全民节日参与意识增强

以2004年全国人大常委会批准中国加入联合国教科文组织《保护非物质文化遗产公约》为契机,中国传统节日的复兴获得了政府的有力支持,并成为国家民族文化建设的重要组成部分。春节、清明节、端午节、中秋节的传统民俗逐渐回归到百姓节日生活之中,民众开始重新认识传统节日的价值,民众参与传承、保护、利用传统节日的积极性日益高涨。传统节日作为全民的节日,已成为文化发展繁荣的重要方面。民众的积极参与以及对节日文化盛宴的享受是对传统节日传承与保护的最好支撑。

(三)传统节日中孕育着中华民族的强大精神力量

文化凝聚着民族精神,是民族复兴的基础。优秀的中华传统文化是强大的精神力量,也是战胜一切困难的信心源泉。"感自然节律而成,蕴人文精神而丰"的传统节日,蕴含着阴阳相转、天人合一的深刻哲理,蕴含着顺应天时、坚忍执着的务实精神,蕴含着乐而忘忧、开朗豁达的生活激情,蕴含着彼此关爱、上下同心的和谐伦理。开展中国传统节日活动,拉动民众的节日消费,并打造节日文化品牌,这本身就是民族精神的表达,也是民族精神的标志。

总之，国家的高度重视，文化建设的深入开展，文化遗产意识的普遍增强和全民的高度关注，为我国传统节日文化的传承带来了机遇，我们的节日文化和节日经济必将迎来新的发展。

第四节　中国传统节日文化的时代价值

研究和分析中国传统节日文化的时代价值，本质上是为了发现传统节日文化对当今社会发展的价值。传统节日文化的时代价值，可以理解为浓缩在传统节日文化中、顺应时代发展变化、满足人们对美好生活向往的价值。中国传统节日文化不仅蕴含着丰富而深刻的道德内涵，还在推动社会发展的过程中发挥着不可替代的作用，已成为中国特色社会主义文化建设不可或缺的因素。本节主要就春节、清明节、端午节和中秋节这四个具有代表性的传统节日展开论述。

一、有利于培育和践行社会主义核心价值观

传统节日作为中华民族传统文化的缩影和标志性文化现象，蕴含着丰富的文化内涵，其丰富的资源成为构建社会主义核心价值观的重要思想指引。对于社会主义核心价值观的构建与完善，中国传统节日文化具有天然的独特优势，这不仅因为传统节日的价值观与社会主义核心价值观高度契合，还因为传统节日的生活性、公民性和周期性能促进社会主义核心价值观的情感认同、行为认同，增强其实效性，促进社会主义现代化建设的发展。因此，要充分发挥传统节日载体和平台作用，培育和践行社会主义核心价值观。

（一）体现在国家层面上

习近平指出，预计从 2035 年开始直到 21 世纪中叶，我国要完成现代化的发展目标，要为了国富民强而奋斗 15 年，让中国早日跃进社会主义现代化强国的队伍。中国传统节日文化所蕴含的富强、民主、文明、和谐思想，能为我们全面建成小康社会，实现第一个百年奋斗目标、迈向第二个百年奋斗目标提供强大的精神动力。

富强即国富民强；民主是人类社会的美好诉求；文明代表着社会的发展进步；和谐则与中国传统文化高度契合。我国构建社会主义现代化国家，追求社会文明、政治文明、物质文明、精神文明与生态文明的"五个文明"发展趋势，中国传统节日文化正是一种独特的文明传播载体，其在社会主义核心价值观的推广与传播中发挥着不可替代的作用。传统节日处处体现着中华文明礼仪，农

历正月十五是元宵节，吃元宵、赏花灯、舞龙、猜灯谜是元宵节几项重要的民间习俗。随着城市化进程的加快，邻里之间多了一份尊重，但也缺失了一些人情与温暖。许多社区选择在团圆热闹的元宵节送上温馨祝福，如猜灯谜、包饺子等活动，让居民在欢度佳节的同时，也促进了邻里间的交流。社区承办的节庆活动，通过贴近生活、贴近群众的活动形式，弘扬时代主旋律，营造欢乐祥和、和谐文明的节日氛围。

传统节日文化赋予时代深刻的生态文明价值。在中国古代，清明节就有植树的传统，历史上最早的路边植树是 1400 多年前由陕西人韦孝宽首创的。植树造林是实现天蓝、地绿、水净的重要途径，随着社会的发展，传统节日和习俗赋予了当前植树节更深刻的意义。端午节始于古人顺应时节的养生观念，因其间多阴霾不正之气，百虫出动，是流感等流行传染病的易发季节。为了驱邪祛毒，古人想出了许多防病强身的方法。端午节有吃粽子、喝雄黄酒、赛龙舟、挂艾草叶、绑五彩线等传统习俗，都是先民自我保护理念的习俗实践活动，积淀着深厚的民族智慧，反映了先民远古以来人与自然和谐共处的独特理念。不能以破坏生态环境换取一时的舒适，我们的端午节习俗采取因地制宜、因时制宜的各种生存方式来应对环境，体现了我们祖先朴素的生态文明观，至今仍具有重要的借鉴意义。

人与自然的和谐是人与环境的和谐共处，与传统节日文化所蕴含的生态文明价值有异曲同工之处。追求人与自然的和谐，自然要奠定在尊重自然规律、保护自然环境的基础上，实现经济增长、资源环境、人口数量与人口素质多方面的协调共生，实现人与环境世代友好和公平。传统节日文化紧扣人与自然和谐共处的主题，传统节日的时间设置体现了中和的思想，其遵循的是"月日同数""月内取中""年内对称"的原则。传统节日的形成大多适应时间和物候的周期性变化。例如，春节、中秋节与月的圆缺联系在一起，清明节、端午节、冬至与太阳在回归线上的运动规律相联系。节日期间，人们亲近自然，敬畏自然，与自然和谐相处。

人际关系的和谐，突出表现在人与社会组织、人与社会制度之间的协调、促进与制约，强调国家利益、集体利益与个人利益的统一与协调，国家强大安定，社会和谐发展，人民生活幸福。传统节日中蕴含着浓郁的亲情、友情、感激之情，在促进人际和谐、社会更加稳定的同时，对维护民族团结发挥着举足轻重的作用。党的十九大报告提出，各民族要紧紧团结在一起，实现繁荣发展。各少数民族的传统节日，如维吾尔族的古尔邦节、彝族的火把节、蒙古族的那达慕大会、壮族的上巳节等，加强了文化认同、促进交流等社会文化功能，为民族团结事业的发展贡献了力量。传播中国传统节日的文化理念，有助于增强少数民族文化认同感和满足其人文关怀的心理需要，为实施民族团结进步创建活动，有利于少数民族及其地区更好更快地发展。

（二）体现在社会层面上

中国传统节日作为传统文化精神的体现之一，在社会层面上产生了深远的影响。丰富的社会实践表明，传播中国传统节日文化与践行社会主义核心价值观具有内在逻辑关系，传统节日习俗对社会的不同层面有着深刻的现实意义。

孝道文化，是尊老敬老的文化传统。传统节日大多与孝道密不可分，很多传统节日当中饱含着孝道文化。例如，每年农历九月初九是中国民间传统节日重阳节，由于中国地大物博、民族繁多，不同地区的重阳节习俗有一定的区别，如有些地区称为"孝老节"，有些地区称为"茱萸节"，有些地区称为"登高节"。1989年，我国政府重新界定了重阳节，由"九月九日"取义"长寿久久"，将这一节日作为我国传统的敬老节。2006年，"重阳节"被列入我国"非物质文化遗产日"。我国将"九月初九"传统节日重阳节称作"老人节"或"敬老节"，目的在于传播"孝""寿"及"感恩"等多元传统文化，传承中华民族尊敬老人、孝顺老人的传统美德，也是在全社会形成尊老、爱老、敬老、助老的健康风气。

家风是建立在中华文化之根上的集体认同，是个体成长的精神足印。传统节日习俗有修身养性、滋润家风之用。天下之本在国，国之本在家，家之本在身。在一年一度的传统节日里，家风汲取营养和能量，滋养家庭的每个成员。

春节团圆，一家人坐在一起讲故事，潜移默化地将家庭建设融入节日中，已成为一种文化传统。一家人沉浸在节日的气氛和浓浓亲情之中，对对与错、善与恶更容易产生共鸣，更能够接受正直、勤俭、廉洁自律等积极的价值观。良好的家风家教在这个过程中被口口相传、代代传承，潜移默化，润物无声。

七夕节是中国的传统节日，承载着中华民族对爱情忠贞、家庭幸福的美好愿望。爱的教育始于家庭，父母依据孩子们年龄的大小适当进行交流对话，在节日的温馨氛围下教育孩子如何去爱，把握爱的尺度，正确面对自己的青春期困惑。

和睦的家风、血脉相连的亲情和潜移默化的影响是幸福家庭的基础。传统节日文化有助于引导每位家庭成员做到明礼于心、行礼于人、言行有规矩、做事有法度，传播良好家风，努力形成"家家都有好家风，家家培育文明人"的家庭道德观念和文明家庭新风尚。

（三）体现在个人层面上

社会主义核心价值观从个人层面提出了公民应遵守的道德规范：爱国即紧密围绕社会主义，坚持为民族团结与社会和谐贡献个人力量，为了振兴中华而不懈努力；敬业，即忠于职守、克己奉公，遵守职业道德规范；诚信，即坚守传统道德，诚实守信，以诚待人；友善，即公民之间互相帮助、互相关心、互相尊重。

爱国主义精神是中华民族历史悠久的传统美德，更是中国得以发展壮大的驱动力。中国传统节日蕴含着大量的爱国主义精神，影响了一代又一代人。屈原是中国历史上伟大的爱国诗人，由于坚持推行改革，他触犯了当时顽固派的利益，屡遭贬谪，于农历五月初五自投于汨罗江中。屈原的爱国情怀感动了民众，人们不忍鱼儿分食他的尸身，家家户户用粽叶包裹粮食投于汨罗江中。端午节吃粽子、划龙舟的多种习俗，一直留存至今，节日所蕴含的爱国主义思想依旧熠熠生辉。寒食节作为古代的重要传统节日之一，其起源也与一个忠君爱国的故事有关。故事主人公是介子推，春秋时期，晋国发生内乱，作为晋公子的重耳四处逃亡，食不果腹。面对困境，只有介子推始终不离不弃。介子推在国难之时挺身而出，将自己的生死置之身外，追随主公在外逃亡，不仅颠沛流离、无处安身，还几次险遭杀害，支撑他坚持了19年之久的正是那股刻在血液中的爱国主义情怀。无论是端午节的屈原，还是寒食节的介子推，传统节日文化孕育了中华民族儿女鲜血中流淌的不朽的爱国情怀。这种爱国主义精神是中华民族5000年来屹立在世界当中的精神支柱，作为民族的精神基因世代相传，必将激励着一代又一代的中华儿女为祖国的繁荣强盛、中华民族的伟大复兴而不懈奋斗。

"友善"的观念贯穿于每个传统节日中，"亲情""家庭""孝道""伦理道德"无论是在中国传统文化中，还是在社会主义核心价值观中，都是亘古不变的主题。中国人讲究家庭观念、人情世故、友善感恩。例如，身在他乡的亲人都会在春节赶回家里，一家人吃团圆饭、互相拜年祝福。再如，七夕节人们表达对美好爱情的向往；重阳节人们表达对老人的尊重，在全社会营造"孝文化"精神等。传递美德、家庭和睦，才是社会和谐发展的基础要素。

总而言之，中国传统节日文化就是我国优秀传统文化的重要组成部分，更是面向全世界传递中华民族优秀传统美德的"大舞台"，中国传统节日文化中蕴含着深刻的德育素材与科学的价值理念，这与当今强调的社会主义核心价值观不谋而合，二者相互融合、相互促进的关系不言而喻。在当前全面践行社会主义核心价值观的大背景下，中国传统节日的重要意义再次受到社会的广泛关注，传统节日文化在某种层面上就是对社会主义核心价值观的生活化与实践化的转变，是社会主义核心价值观教育得以持续、高效发展的重要举措。

二、助推文化自信，增强文化自觉

习近平提出，中国共产党人要坚持"四个自信"，即中国特色社会主义道路自信、理论自信、制度自信与文化自信，突出强调"文化自信"是最重要的根基，无论是民族进步还是国家发展，最深沉、最持久的力量源自文化自信。想要实现中华民族伟大复兴的"中国梦"，就要坚定不移地保持"四个自信"，充分了解我国博大精深的文化精神，解读有民族特色、有鲜明个性的传统文化优秀作品，从而培养民族自豪感，树立文化自信心。传统节日作为中华文化的重要组成部分，承载了深厚的中华传统美德，这是从古至今中华儿女共同创造的文化瑰宝，是共同遵守的道德规范，更是代代相传的对美好生活的愿景。

（一）传统节日是中国历史文化的重要组成部分

在中国悠久的历史文化溯源中，传统节日是其不可或缺的组成部分，传统节日的形式多样，内容丰富。传统节日的形成，是中国历史文化长期积淀的过程。中国的传统节日涵盖着广泛的自然文化与人文内涵，如原始信仰、祭祀文化、易理术数、天文历法等。这些历史悠久的中国传统节日，记录了古代人民丰富多彩的社会、生活与文化，这些都是历史精髓沉积的产物，发展至今仍然被人们保留、接受与认可。

因此，传统节日是随着人类社会的发展、变革与创新而不断积累、形成、传承的。这是宝贵的、不可多得的文化发展过程，它反映了人类文明的进步与创新。我国学者在研究考古学及现代人类学时发现，天地与祖先是人们最原始的信仰对象，二者都起源于人类早期对自然和祖先的崇拜，产生了各种各样的祭祀活动。人们在各种信仰活动中虔诚祭祀，企盼天地和谐共生。传统节日是人们在原始信仰的基础上，为适应日常生活需要而创造的民俗文化，一些流传至今的传统节日活动，实际上是对古人社会、生活与文化的最好记载与传承，蕴含着深厚的中国历史文化。

（二）以传统节日涵养民族文化自信

民族文化自信已经深入每个传统节日中，潜移默化地影响着人们的思想与行动。民族文化自信的形成不是一蹴而就的，它源自我国悠久的传统文化的历史积累，铸就了民族精神的灵魂。在当今构建中国特色社会主义文化的背景下，中华传统文化仍有不可动摇的地位，它融合了时代元素，成为中华民族精神的精神标识与重要表达，而节日是这种标识的外化表现。

青少年是祖国的未来、祖国的希望，更是下一代中国传统节日文化的继承者与传播者，自然也是当下培育、引导的重点人群，所以要在学校活动、课程教育中多开展与传统节日文化有关的主题内容。例如，介绍传统节日的传说、起源、习俗，组织有意义的节日主题活动，开展节日诗歌朗诵、手工制作、文艺表演等活动，让青少年深受传统节日文化的熏陶与感染，内心深处萌发民族文化的种子，在耳濡目染中感受到中国传统节日文化的价值与意义。此外，营造节日氛围，找回"节日味道"，才能重新奠定公众基础。政府要经常组织有意义的群众性节日活动，如春节庙会、元宵节灯会、清明节公祭、端午节龙舟赛等，营造浓厚的传统节日文化氛围，邀请更多公众参与"文化盛宴"，共享我国传统文化的盛果，融入浓厚的节日氛围中。另外，要发挥社区的力量，搭建多样化的节日文化舞台，鼓励人们在过节时走出家门，从"家庭"到"社区"，从"小家"到"大家"，共同感受国家的繁荣昌盛，唤起保护文化、传播文化的自觉意识，在生活中培育人们"过节"的信念与习惯，这样中国传统节日文化才能重现生机。

一个自信民族的产生、形成与发展，必然要以文化为根基与灵魂。中华文明历经千百年历史，源远流长，保留至今，这是一个民族共同坚持、继承弘扬的成果。人类发展到任何阶段都不能忘本弃源，更不能割断先人的精神命脉，传递与创新同在，创新与继承同在。大数据时代，贴合节日文化传播特点，为中国传统节日注入新元素，更能够聚合社会各界力量涵养文化自信，不断夯实中华文明的时代意识和振兴中华文明的使命意识。

（三）增强文化自信，拒绝过"洋节"

近年来，我国掀起一股"洋节热"，西方文化也趁机进入中国，影响着年轻一代的精神、思想与价值取向。对于西方文化的进入，我们应理性且辩证地看待。西方文化实际上也是"精髓"与"糟粕"并存，不能一味拒绝外来文化，更不能不加筛选全盘吸收。在全球经济一体化发展背景下，我们要提高认识，充分融入人类命运共同体，使各国命运紧密相连，这也为深度的文化交流与文化融合创造了机会。中国自改革开放以来，面向全世界打开国门，西方文化伴随着"洋节"进入我国并深受年轻一代的追崇，在一定程度上发挥了调节民众生活、刺激节日消费的积极作用。但是"洋节"过于喧宾夺主，因此，我们要消除其对中国特色社会主义建设带来的负面影响。有关国人过"洋节"的现象，有必要从民族信仰、文化价值观念等更深层次上去认知。

因此，宣传中国传统节日文化，当务之急就是从多元途径切入，强化培养公众的文化自信，具体包括：第一，充分了解不同传统节日的文化根基与个性特色，通过组织丰富多样的文化活动，增强人们的地域认知与文化归属；第二，恰到好处的"形式主义"也有必要，传承传统节日文化不能只停留于纸上谈兵，本身就要以节日形式为重要载体，让人们在丰富的实践中感知节日的意义，如春节包饺子、端午节赛龙舟、清明节扫墓等；第三，立足传统文化的根基，创新当代节日的文化表达形式，如春节全家外出旅游，清明节朗诵诗歌、祭奠故人。只有丰富多样的传统节日文化才能立足世界舞台，打造"中国气派"的节日文化品牌，激活每个中国人的文化意识与文化自信。

三、传统节日文化是弘扬中国精神的重要资源

习近平指出："实现中国梦必须弘扬中国精神。"中国精神不仅包含以爱国主义为核心的民族精神，也蕴含以改革创新为核心的时代精神。传统节日文化的文化内涵与中国精神有许多共通之处，能够为中国精神的凝聚、传播、培育提供源源不断的资源支撑。

（一）承载中国精神的文化资源

文化资源是一种历代积累的成果。文化资源的存在形式具有不确定性和广泛性，可能存在于我们可以感知的符号化、物质化形式中，也可能蕴藏在思想化的形式中，民俗、传说就是后者存在形式的文化资源。节日文化包含着礼仪文化、娱乐文化、亲情文化、道德文化等重要的文化资源。传统节日蕴含着传统文化宝贵的道德规范、思想精华，是社会主义文化建设资源的宝库，对文化建设具有极其深远的意义。

节日文化一方面蕴含着丰富的以爱国主义为核心的民族精神资源，是民族精神的生动写照。由于传统节日代表了民众的共同理想，同时，占社会主导地位思想的不断融入，使体现民族精神的理想和学说渗透到了节日文化中。传统节日的寻根、爱祖国爱家乡、安定团结的意识和情结在中国民众的心中非常强烈。传统节日蕴含的基本价值观凝结着中华民族的民族精神和民族情感，无论是春节的团圆和合、清明节的肃穆祭奠、端午节的爱国奋进，还是重阳节的登高思亲，都深深地体现了中华民族的价值选择，这与中华民族精神异曲同工，弘扬中国精神要发挥重要节日在社会中的独特优势。节日文化另一方面承载着以改革创新为核心的时代精神资源。在改革方面，屈原是提倡改革的先驱，他所提倡的改革对于今天所要进行的改革有可借鉴之处，屈原的改革精神为我们所提倡；在创新方面，不同时期的节日活动形式根据社会的需要不断创新，实现自身的创造性转变和创新性发展，特别是在节日仪式方面有着具体可感的创新形式。

（二）传播中国精神的符号资源

文化符号是文化最外在的表现形式，人类正是通过符号或符号体系来传递信息，进行文化传播的。中国精神要深入人心就需要广泛的传播，节日所包含的一系列符号形式，能够成为中国精神有效的文化符号资源。

节日本身就是中国传统文化的一种符号代表。节日形成于具有重复性的时间节点上，在节日得到确定之后，每年的这个时间都会再次得以重复和创新，每当提及这个节日，中华儿女就会想到其中的文化内涵。中国人对传统节日总有一种难舍的情怀，总能在节日到来之际产生一种亲切感、归属感，对于节日总是特别地期盼，特别是对春节的期盼。

节日中所包含的食物符号资源众所周知，食物是一种治愈性的存在，也是节日中非常具有代表性的存在。春节的饺子、清明节的艾团、端午的粽子、中秋节的月饼对于快节奏生活的人们，即使在过节时不能与家人团聚，能够吃到具有代表性的节日食物，也是一种感动和满足。这些具有中国特色的食物会带给人们味觉冲击，更能够激发人们的思乡情感和爱国情绪。这些节日符号多以实物或是活动的形式来呈现，不是抽象地表达文化内涵，而是更直观生动地传播中国精神。传统的节令和习俗是人们共同拥有的文化符号，是民族文化认同的重要表征，也是传播中国精神的符号资源。

（三）培育中国精神的教育资源

文化具有教育功能，人需要通过文化教育才能成为一个社会人。优秀节日文化是优秀传统文化的组成部分，是传统文化教育的重要资源。国家也非常重视对各种重要节日所蕴含的教育资源的挖掘，以便更好地传承文化。

在培育中国精神的教育内容方面，节日文化中包含着丰富的爱国主义教育资源。节日往往因不同的主题、不同的节日仪式，蕴含着丰富的教育内容。例如每年的春节晚会，犹如全国人民赴一场盛大的约会一样，三十多年来春晚一直如约而至。春晚一直将家、国作为不变的主题，包含了对小家团聚的期盼和对国家繁荣富强的祝福，形式多样的节目是爱国主义教育的丰富资源和生动素材。另外，端午在改革创新的时代精神内容方面也有明确表达，主要在改革创新、上下求索的屈原精神中彰显，节日文化将中国精神的精髓体现得淋漓尽致。

在培育中国精神教育方式方面，节日对民众的教化方式是一种潜移默化、非强制性的教化和约束。例如，清明节不仅祭奠自己的亲人，还是纪念爱国先烈的重要时机，可以和家人一起祭奠英雄先烈，无时无刻不把英雄放在自己的心上，就像注入骨子里一样，把崇尚英雄的精神更好地融入自己的生活中，让自己亲身去体验和感受。以这种融入的方式，借助榜样的力量能够更好地培育中国精神。通过节日活动的亲身体验与感受，能够更好地培育爱国之情、报国之志、强国之心。

四、传统节日文化的经济价值

中国传统节日是独具中国特色、饱含民族元素的传统文化，在世界多样化文化形态中占有重要地位，具有不可替代的巨大经济价值。如今节日经济迅速发展，人们选择过节的方式多种多样，尤其是将传统节日定为法定假日以来，人们在各大传统节日的经济行为更是犹如雨后春笋，使之成为一种消费性文化。

（一）传统节日文化的消费价值

人们采用消费的方式过节已成为一种时髦，如商品消费、餐饮消费、娱乐消费等，这就为商家提供了契机。每当节日来临，各大商场总会绞尽脑汁地抛出各种名头，搞促销活动（图2-4-1），吸引顾客消费。以最受年轻人追捧的七夕情人节为例，当天的玫瑰花和巧克力几乎被一扫而空。互赠商品礼物已成为过节的礼节。有的还会约上朋友一起聚餐，增添一点过节的热闹气氛，还有的会选择KTV或者游乐场所狂欢，给节日消费注入了巨大的活力和能量，推动了节日消费热潮的高涨。

图 2-4-1　节日商家促销活动

过节离不开饮食，每个传统节日都有固定食物的代表，这些特色食物不同于平时食用的物品，如元宵节的汤圆、端午节的粽子、中秋节的月饼等，要是在节日当天人们没有吃上这些食物，总会觉得心里空落落的。如今这些节日食物被包装成商品，送给亲朋好友作为节日拜访时的见面礼。由此可见，节日食物在人们心中已然不是普通食物，而是一种节日符号，更重要的是食物背后所传达的意义，代表着人们的心理需求与心理反应，也是一种社会文化现象。因此，节日是人们尽情消费的集中时期，会极大地促进消费。

（二）传统节日文化的产业价值

传统节日与文化产业结合，深入挖掘并发挥传统节日文化的时代价值，推动文化产业与旅游、体育、信息、物流、建筑业等产业融合发展，提升品牌价值，增加物质产品和现代服务业的附加值和文化含量，培育出新的文化产业消费热点，这样有利于让以传统节日为核心元素的文化产业成为国民经济的支柱性产业。下面主要以"旅游产业"和"影视产业"为例进行说明。

1.以"传统节日"为核心元素有利于打造文化旅游产业

旅行已成为人们假日生活的新趋势。我国把春节、清明节、端午节等传统节日确立为法定假日，为旅游产业的消费提供了良好的契机。2011年，中华人民共和国国家旅游局推出以"中华文化游"为主题的游年活动，围绕中国的优秀传统文化，充分挖掘旅游文化蕴藏的巨大经济潜能。每当传统佳节来临之际，也就意味着假日、闲暇与欢乐，驱使着人们在一个又一个节日里去精心安排过节。多数都市上班族会借此机会外出旅游（图2-4-2），暂时忘记城市生活的紧张与琐碎，在游山玩水的过程中感受传统节日的氛围，体验传统节日应有的乐趣。以传统节日为核心元素，充分利用历史人物的效应，有效整合历史遗迹、人文景观及自然景观，打造文化旅游产业有利于发展当地旅游产业、振兴旅游经济。

图2-4-2 节日旅游

2.以"传统节日"为核心元素有利于打造文化动漫产业

我国的传统节日文化元素种类繁多，深深根植于传统文化的土壤中，因经过历史的积淀而独具民族特色，为文化动漫产业提供了取之不尽的素材。哈佛大学名誉教授约瑟夫·奈说过，"大众文化不乏浅薄和追求时髦的因素，但一个支配着大众交往渠道的国家有更多的机会传递自己的信息，影响其他国家的倾向却是不争的事实"。传统节日的核心元素就有了美丽动人的节日传说和饱含爱国情怀的历史人物等，这些都是动漫创作的源泉，借助文化动漫产品在世界市场中的影响，大力推销民族文化价值观。强烈的东方文化气息吸引市场的眼球，可以实现经济利益和国际影响力的双赢效果。

第五节　中国传统节日文化与思想政治教育

中国传统节日作为由古至今的民族优秀文化的载体，所体现的民族文化精神对形成和平相处、团结共进的人际关系和平等友爱、温馨和谐的社会环境，起着黏合的作用。同时，中国传统节日推进了祖国统一和民族振兴，并不断发展壮大中华民族文化和维护着国家的文化安全。

一、中国传统节日文化中蕴含的思想政治教育功能

传统节日文化蕴含的思想政治教育功能也是纷繁复杂的，下面就此归结为五种主要功能。

（一）政治导向功能

强化传统节日中符合本阶级利益的内容，遏制不符合本阶级利益的内容发展，使其内容达到与阶级利益形成一致，从而引导人们树立正确的政治观，形成积极健康的审美观，是传统节日的政治导向功能。

第一，传统节日是思想政治教育中不可沦陷的阵地，应当合理有效地利用传统节日开展思想政治教育，使其为思想政治教育服务，成为思想政治教育中政治观教育的内容，最终实现政治的目的和任务，这是传统节日所具有的政治功能。中国传统节日的形成和发展都与当时的政治背景和阶级利益息息相关，不同时期传统节日所具有的节日文化与形式都反映了当时的统治阶级和政治集团的利益。例如，汉代是古代中国政治、经济、社会、文化大发展时期，到了汉武帝的时候制定并完善了节气与历法，许多节日在这个时期被确定并流传下来，是以彰显其时代政通人和、经济强大为目的的政治手段；至唐代，经过贞

观之治之后，国家进入昌盛期，政治、经济、文化多个方面居当时世界领先地位，而此时的节日渐渐转为娱乐礼仪型，节日变得欢快喜庆、丰富多彩，许多体育、享乐的活动内容出现，并很快成为一种时尚流行于贵族士大夫和民间。此时节日的发展同时达到了彰显国力、宣扬封建社会繁荣景象的政治目的。至现代，春节所弘扬的家人团聚也十分契合构建社会主义和谐社会的精神，中秋节所寄予的祖国统一的夙愿、端午节所弘扬的爱国主义精神等，都具有强烈的政治立场和意义。

第二，在正确的政治导向下通过传统节日可以提高人们的审美情趣。审美需要是人的特殊需要，现在社会中出现了很多新的审美取向。在传统中也有大量的美是值得我们欣赏的，但是中国文化历史太过悠远，怎么将这些资源开发出来呢？传统节日就是一个很好的抓手，传统节日有着健康向上的核心价值和形式，并且经过长期的发展，有了深沉的文化积淀。有许多脍炙人口的关于节日的名篇佳作，如杜牧的《清明》、李清照的《醉花阴》、鲁迅的《祭书神文》、刘天华的二胡名曲《良宵》等。品读和回味这些作品，我们可以寄托感情，也可以满足审美需求。除此之外，在现实生活中过节，也可以通过比较人们在节日中的行为发现美，欣赏生活。传统节日很好地抓住了那些在生活中可以表现美、提升美、塑造美的核心元素。根据美学原理我们可以知道，美是需要对象的。中国传统节日蕴含着丰富的民族文化，这些具有中华民族特色的传统节日文化，代表了中华民族世代传承受用的民俗文化，是一种民族身份的特有象征，同时培养着民众的审美情趣和审美意愿。其主要体现在以下几个方面：其一，传统节日的文化涉及人们生活的各领域。衣、食、住、行和民间娱乐、社交等是中国传统节日的基本文化事项，同时它还蕴含着哲学思想、科学技术、宗教信仰、道德理念等许多内容。传统节日物质文化方面有服饰文化、饮食文化、仪式文化、娱乐文化等，内在精神文化方面有节日传说、节日心理、节日信仰、节日语言等。其二，传统节日的习俗富有浓厚的民族特色的审美情趣。众所周知，根植于广大人民群众之中并为人们所喜爱的传统节日习俗源远流长，其具有中华民族的民族特色，在审美情趣上也体现出了浓厚的民族性。那些从古代一直流传并保留下来定型的节日习俗，是一个民族的遗传基因。中国传统节日拥有审美情趣和意识形态功能，并提供了一个权威的概念，即构建民族认同、民族情感、民族发展、民族团结的民族意识，而这对追求民族共荣、民族地位、民族利益、民族权利等具有重要意义。其三，传统节日乐观向上的人生观，能够促进民众健康向上的审美情趣的培育。中国传统节日的休闲娱乐的文化融入日常生活中，可以消除工作的疲劳，使人身心放松、精神愉快，进而激发人的潜能，情感、心智、能力，使乐观向上的人生观逐渐形成。这对促进人的全面自由发展、对精神文明建设具有推动作用。虽然传统节日中原始崇拜、封建迷信的内容一直被延续下来，可是随着历史的不断推进和民众文化意识的进步，那些内容逐渐被淡化，取而代之的是积极向上的审美情趣，使传统节日更多地注入了娱乐文化的因子，传统节日真正成为娱乐礼仪的良辰美景。

（二）继承传统功能

中华民族是一个有着许多优良传统的民族，这些传统在中华民族的形成和发展过程中起到了不可或缺的作用，是民族精神的标记。进入21世纪，中华民族正在经历一场巨大的、前所未有的变革和发展，从经济生活、社会生活到政治生活，没有一个不在发生着变革和发展。在变革和发展中，如何对待中华民族的传统，是一个必须解决的问题。

第一，传统节日的核心价值与优良传统的价值取向有诸多一致的地方。有的学者说，中国需要全面的西化，主张用西方文化来开启民智、弘扬理性；但也有的学者在看到西方先进文化的同时，也看到了中华文明的博大精深，看到了在当代仍有重要价值的传统文化。于是在改革开放后，特别是自20世纪90年代中期以来，各种对传统文化的发掘工作陆续展开，形成了各种各样的观点，在此不做赘述。但全面西化或者全面推崇儒家的文化，都是不合适的。结合中国社会现阶段的实际，我国的文化也必须要走自己的路——兼顾中西，谋求和谐。大力发展优秀的传统文化，不仅是现实的需要，还是我国长远的文化建设发展目标。将传统节日作为媒介，可以很好地达到继承优良传统的目的。

第二，传统节日的形式反映了一种健康的、乐观的精神追求，这种形式本身就是中华民族优良传统的体现。我国传统节日在其历史演变中，多个民族的节日风俗通过互相影响、糅合，加强了各民族的认同感。有些传统节日在远古时期就已经产生，流传过程中较好地反映了中华民族许多优秀特质，如勤劳勤奋、坚毅勇敢、以人为本、天人合一、以和为贵、团结奋进等。同时，以汉族特有的春节、元宵节、清明节、端午节、七夕节、中秋节、重阳节、腊八节等节日和与之相对应的舞龙、灯会、踏青扫墓、赛龙舟、乞巧、赏月、登高、喝腊八粥等节日的习俗，早在古代各民族间流行，其文化财富为我国多民族所共有。时代在变迁，随着生产力的发展与科学技术的进步，同时受到政治、经济、文化等因素的影响，传统节日的内容和形式也在与时俱进。那些积极美好、乐观向上的节日风俗不断发扬光大；反之，那些守旧落后、封建迷信的节日风俗被逐渐淘汰，这反映的是中华民族对于传统节日的一种健康的、乐观的精神追求。

第三，传统节日增强民族的凝聚力和自豪感。正因为中华民族源远流长的传统文化决定了中国传统节日的巨大凝聚力。其传统节日风俗在历史长河中通过数千年的持续不间断的发展融合，逐渐形成了民族特征。千百年来，无论是官家还是民间，无论是显贵还是庶民，无论是文人雅士还是白丁俗客，只要在节日这一天都是同庆；时至今日，世界各地的华侨同胞不论身处何地，只要在节日这一天他们就会以"龙的传人"的身份普天同乐并且为祖国祈福，这便是全球华人对祖国的认同。这就是传统节日能超越地域阶级、种族、时代的界限，形成巨大的凝聚力，推进祖国统一和伟大的民族复兴事业的巨大正能量。

（三）行为规范功能

随着社会的进步和人们生活水平的不断提高，人们的生活方式也在发生着变化。行为规范，只是相应的行为标准，属于道德范畴。其需要解决的是应该如何做，做到什么程度的问题。对于该怎么做的问题，很多人提出了相应的方法，其中不乏切实可行的提议。通过大力弘扬传统节日文化，可以有效地达到规范日常行为的目的。

第一，中国传统节日文化影响着各种思想观念差异的人们并使其行为规范化。导致思想观念上的巨大差异，深层次的原因是我国经济社会发展的不均衡性加上人的观念的变化。这种现象其实是正常的、无可厚非的。但是社会的正常发展和人的正常发展是需要经历一个历史过程的，不能够一步到位，而需要根据状况一步步地向前推进，因此人就不能根据自己的想法来恣意妄行。这样一来，如何规范人们的日常行为也成了社会生活中的一个亟待解决的问题。为此，中国传统文化在社会人群及各行业中的影响，使其近年来都相继出台了相应的行为规范。我国传统节日承载着数千年的民族优秀文化，其所蕴含的民族优秀文化对于形成和平团结的人文环境和平等和谐的社会环境，对于祖国统一、民族振兴事业的发展，起着重要的指导行为规范的作用。

第二，中国传统节日文化提供道德的实践载体，规范着人们的日常行为。道德与法律不同，法律由国家机关强制实施，而道德只能靠舆论的监督，舆论的监督是一种被动性的监管形式。人在成年以后，道德水平也基本定型，一些传统的节日，可以让人在被动的情况下，再次成为被监督的对象，从而进行相应的道德实践。并且在这种实践中，不断地感受到实践道德的价值，从而追求道德。道德水平从根本上决定着人的行为水平。从这一点上来看，弘扬传统节日，具有长远的可以间接规范人们日常行为的功能。

第三，中国传统节日文化以和谐重情的家庭观教育并规范日常行为。在中国文化伦理至上的思想意识中，家族本位观念根深蒂固。在中国民众的观念中，首先注重的是家族利益和国家利益，正所谓有国才有家，有大家才有小家，家国为一体。当一个人离家的时候，便称为"游子"，如同小舟没有了港湾、房子没有了根基，是以家族为本位，即个体价值在群体中才能得以体现。再说中国人的姓名，姓是宗姓，加上辈分，名是自己的名字。姓在家族体系中表达父子关系、夫妻关系，辈分区别兄弟关系，最后才是表示自己的名字，这就形成最基本的家族体系；而个体在一定的伦理道德约束下，在家族体系中各有各的位置和司职。然而，中国传统节日正是表达着人们安居乐业、寻根问祖的民族心理文化，人们对家庭以及亲人们的思念，表现出中华民族对生活充满热爱、充满希冀，并向往家庭美满幸福、家人平安的愿望这一价值取向。在传统节日中，这种愿望表现尤为突出强烈。例如，中秋节寓意着"团圆"；春节、重阳节更是寄予人们对亲人团聚、敬老爱老的美好愿景。在传统节日里，与家人和朋友团聚，共享亲情、友情、爱情的美好，在温暖家庭中得到慰藉，使家庭氏族体系巩固、宗族观念深化、家庭责任感和社会责任感加强。

（四）道德养成功能

数千年来，中华民族的先辈为了生存，不断与自然环境、凶猛的野兽搏斗，正是这样的环境培育了中华民族勤劳勇敢和坚忍不拔的精神。"天行健，君子以自强不息"的精神正是我国传统文化的基本精神，一直激励着人们对美好生活的追求。孔子主张"刚毅"，强调"临大节而不可夺"的坚韧的品质，可见，中国传统文化在引导民族道德养成方面发挥着重大作用。

第一，充分认识和利用传统节日对加强青少年思想道德养成教育具有重要意义。中国传统节日的民族性、群众性等特点和其含有的文化内涵已融入人们的生活中并活在人们的精神世界里，时刻滋养着民族的生命力、创造力和凝聚力，使中国传统文化得以发展壮大。那么，充分利用传统节日，广泛深入地开展青少年思想道德养成教育活动，对于宣传和普及社会主义核心价值体系，培育和弘扬以爱国主义为核心的民族精神，积极倡导社会主义荣辱观，不断提高广大青少年的思想道德素质，具有十分重要的意义。

第二，中国传统文化蕴含着丰富的道德养成教育资源，我们应深入挖掘传统节日的思想道德内涵，促使道德养成教育的实现。众多中国传统节日，如春节、端午节、中秋节和重阳节等都具有广泛性和代表性，对道德养成教育而言需要善加利用。例如春节，要在普天同庆、举国欢乐的氛围中，把共产党好、改革开放好、中国特色社会主义道路好的社会旋律融进去；端午节，要在人们纪念伟大爱国诗人屈原时，把树立爱国主义思想的倡议融进去；中秋节，要在家家思团圆时，把中华民族四海同源、全球华人祝愿祖国统一的美好夙愿融进去等。青年节、党的生日、建军节、国庆节等革命纪念日，都是在中国革命进程中具有特殊意义的历史纪念日，每个纪念日都有不同的主题，要把革命传统教育融入其中，引导青少年始终牢记共产党人为国为民、流血牺牲的艰辛创业历史，永葆振兴中华的进取精神。通过这样的纪念活动的组织开展，可以深入挖掘其思想道德内涵，从而加强青少年思想道德养成教育，使青少年懂得感恩社会、报效国家。

第三，传统节日文化中以人为本的精神推进着民众的道德养成教育。以人为本，是指在天、地、人中，以人为中心，人是主导和目的；在人与神中，以人为中心，人为天地之灵。中国传统文化基本精神内容的特色，正是以承认人、尊重人、关怀人为内容的人文主义或人本主义。在古代，孔子承认天命更尊重人。其教导弟子说："务民之义，敬鬼神而远之，可谓知矣。"东汉时期的仲长统提出"人事为本，天道为末"，概括了儒家的人本思想精髓。我国传统文化以儒道两家为主，两家都重视人的存在，儒家提出的"仁"，道家提出的"修道积德"，都在强调通过个人的"修身"然后从言行中体现出来的。两家各自提出的伦理观念，还包含忠国家、孝父母、悌兄弟、信友人等一系列原则。我国传统节日中的部分道德规范虽然还带有封建思想，可是其内涵充分体现了亲密和谐的人文主义精神。例如，春节的祭祖、团圆、拜年等活动；清明节的祭祖扫墓、悼念革命先烈等活动；重阳节的登高望远等活动；腊八节的祭祖活动。这些都充分体现了和睦友好、家庭圆满、不忘先贤、不忘革命先烈、尊老孝亲、珍惜生活等人文主义精神。

（五）隐性教育功能

人的教育，归根结底是一种人化的过程。人化过程，即运用文化去教化人时，本身实施对外在环境的改变，使其对象符合主体需要的过程，这个过程是对社会文明的继承和发展。因此，在人的人化过程中，除了教育机构的显性的、知识性教育，还有隐性的教育。隐性教育在一个人的成长过程中是不可或缺的。

中国传统节日由古至今，由于古代封建社会统治的条件局限，人们受教育的机会并不多，或者说受教育并不普及，所以对于中国传统节日的文化传承，只有极少数人可通过少量的文献、诗词得到了解。然而，绝大多数人是通过生活了解传统节日的绝大部分甚至全部内容的，一代一代、手把手、年复一年地保留、传播和继承下来的。中国传统节日的传承过程，本身就是一种隐性教育的过程，千百年未变。因此，中国传统节日正是思想政治教育进行隐性教育的绝好契机和平台。

现在的世界是一个思想相互激荡、各种生活方式并出的世界。如何让下一代能够传承中华民族的优良传统，继承发扬民族精神，显然单凭教育机构进行的教育是不够的，它需要我们全社会的共同努力。例如，我们近年来在海外开设孔子学院等。然而利用传统节日来开展教育，需要重视以下几个方面。

第一，充分挖掘传统节日中能够对教育群众起到作用的文化内涵。自古以来，君臣、夫妇、父子和朋友之间的和谐等都蕴含于传统节日文化之中并成为其核心内涵，追求人与人、人与自然的和谐。在处理人际关系上，遵从"和为贵，忍为上""贵和尚中"的原则。"天时不如地利，地利不如人和"，孟子言其意为人际交往中淡化矛盾、避免冲突，从而达到人际关系和谐；再有"中庸""仁""礼"等伦理表达人际交往中应注重的妥协和宽容；主张礼治，强调服从与秩序，礼治其实说的是由亲和的社会关系组成的社会秩序，每一个人应遵循礼治，懂得统一的是非标准，做到君仁臣忠、父慈子孝、兄爱弟敬、夫和妻柔。

第二，传播中国传统节日中的礼和俗，正是在进行民族的隐形教育。数千年来，中国的社会各层次共同构成了一个礼俗社会。俗即生活行为，具有多样性、自发性和随意性；礼即规章制度，具有系统性、导向性和稳定性。通过对俗进行教化和整合，使之上升为典章制度，并具有规范化和强制性，俗便成为礼。在中国古代社会精英思想的指导下，通过精英文化将礼化为俗推向民众进行民风的教化，以制度、教育形成的力量影响生活习俗，使世俗生活理性化，从而达到礼治统治。礼俗社会形成的主渠道之一便是中国传统节日文化，传统节日的礼俗在其发展中使有些礼仪成为风俗，而有些风俗上升为礼仪。礼仪随风土人情转化为风俗，表现出民族文化的特征，使礼俗渗透整合、相互依存。中国礼俗社会以礼为主导、以俗为基础进行社会秩序的管理和统治，并以礼仪之邦彰显中华民族独特的社会理想。

二、中国传统节日思想政治教育功能的开发对策

中国传统节日当中含有丰富的思想政治教育资源，同时具有宝贵的思想政治教育功能。我们应当利用传统节日自身的感染力与号召力，使人们在参与节日活动之中，不由自主地感受其文化理念，从而更好地发挥思想政治教育功能。因此，需要把握传统节日思想政治教育功能的内容展开，并进行对其开发利用的途径的相关研究。

（一）健全制度规范

从 2008 年全国假日旅游部际协调会议办公室（简称全国假日办）新增清明节、端午节、中秋节为国家法定假日起，我国 7 个法定假日中有 4 个为中国传统节日。可以看出，国家从制度上对传统节日做出的明确规定，彰显了国家对传统节日的重视，尤其是对传统节日所蕴含的传统文化的重视。

国家和地方政府可以逐步完善健全传统节日相关的法律和制度，使传统节日得以文明、节约、安全等。例如，国家于 2011 年起实行节假日高速公路免费通行和春节前后绿色通道等，一方面确保了节假日高速公路的顺畅，另一方面满足了人们回家过年过节的需求；又如，清明节公墓祭扫可以由地方政府或公墓单位制订统一的祭扫形式和内容，既可以有效管理清明节人流量大的扫墓活动，又可以避免一些祭扫形式过于繁多导致浪费的现象；再如，国家倡导春节期间民众个人不可燃放大型烟花爆竹，而以地方政府组织燃放，或某些特殊防火单位明令禁止燃放烟花爆竹，以爆竹音响广播替代实物燃放，确保了春节期间的防火安全工作，同时避免了个人私自燃放造成火灾风险或扰民行为的发生等。

值得一提的是，中共十八大报告中提道："严明党的纪律，自觉维护党的集中统一。党的集中统一是党的力量所在，是实现经济社会发展、民族团结进步、国家长治久安的根本保证。"习近平在中共十八大发表的重要讲话中提道："我们的责任，就是同全党同志一道，坚持党要管党、从严治党，切实解决自身存在的突出问题，切实改进工作作风，密切联系群众，使我们的党始终成为中国特色社会主义事业的坚强领导核心。"由此可以看到，党中央对于严肃党纪、严惩贪腐的重大决心。此后，地方各级政府陆续出台相关规定和立法议案，严格控制公款消费，严查公账报销程序，遏制贪污腐败，相信此类相关的制度规范将陆续出台。这种制度上不断完善的举措，对节日聚餐、节日礼品等节日消费会有一定的遏制作用，能有效地避免如"高价节日礼品""饮食浪费"等不好节日现象的衍生，有助于将"构筑节约型社会"的社会主旋律唱响。因此，对与传统节日直接相关或间接有关的制度规范的建立健全，对营造良好的节日氛围及对利用其开展思想政治教育起着积极的推动作用。

（二）确立鲜明主题

中国传统节日是开展思想政治教育的有利载体，可以利用其开展一系列活动，活动主题的确立显得尤为重要。这就需要突出传统节日的思想政治教育内涵并紧紧围绕传统节日的内涵来确定主题。例如，春节要突出辞旧迎新、家庭和睦、团圆平安的主题，营造和谐安定与欢乐祥和的喜庆的节日氛围，推进和谐社会的构建；清明节，要突出推崇孝道的主题，要在人们缅怀先烈时，把中国共产党为中国人民领路，并带领中国人民创业奋斗的为人民服务的宗旨引申出来；重阳节，要突出敬老孝亲的主题，把尊老敬老的传统美德加以弘扬等。同时，要以受教育者的喜好和可接受程度结合传统节日的内涵来确定传统节日的主题，即注重思想政治教育客体的主体化，结合传统节日本身文化内涵制定主题。这样的主题，使活动的开展具有指导性和目标性，即特色鲜明、目标明确、思路清晰，使参与活动的人们有组织地、有条理地接收信息，提高教育效果。

现代思想政治教育的发展，集中表现在思想政治教育主客体关系的发展变化上，而思想政治教育主客体关系的发展变化，又集中表现于思想政治教育客体地位与作用的日益彰显和突出上，表现于思想政治教育客体的主体化上。现代思想政治教育认为，思想政治教育应当以受教育者为中心。这不仅意味着一切思想政治教育活动须围绕受教育者进行，为受教育者全面发展服务，而且思想政治教育还要充分调动受教育者的主观能动性，使思想政治教育客体逐渐发展转变为主体，也就是思想政治教育的客体主体化。因此，以中国传统节日为载体的思想政治教育，应当注重发挥受教育者及思想政治教育对象的主体性，调动其积极性，使其在传统节日氛围里，感受传统节日文化熏陶的同时，主动接受教育并开展自我教育，这样思想政治教育的效果才会更好。良好的节日气氛和优秀的节日文化是需要思想政治教育主体去营造和甄选的，所以注重发挥客体主体化的同时，也要注重发挥主体的引导作用。例如，某小学组织学生于清明节期间开展系列思想教育活动，以"树立继承先烈遗志、认真学习、长大建设祖国的理想"为主题，以"了解传统风俗、锻炼身体、感受春景"为教育目的，以春游、放风筝、吃鸡蛋，观看革命事迹课件、为革命烈士扫墓（图2-5-1）等为活动内容，以"了解清明节、初步了解家族亲属关系、缅怀先烈珍惜幸福生活"为预计达到的教育效果。这样的主题活动，结合学生年龄层次和传统节日习俗，发挥了受教育者的主观积极性，结合了传统节日文化内涵，同时发挥了教育者的主体引导作用，使节日的教育效果得以提高。

图 2-5-1　为烈士扫墓

（三）挖掘文化内涵

以传统节日为载体开展思想政治教育的工作，应当对其丰富的文化内涵进行甄选，要想挖掘思想政治教育资源，就必须充分挖掘传统节日的文化内涵。传统节日文化中的亲情观念、忠孝统一的思想是增强中华民族凝聚力的重要精神支柱。传统节日文化中的家国情怀、同祖同宗和爱国精神有利于中华民族形成和强化统一的文化价值观，孕育着深厚的民族精神。例如，每逢春节，外出的游子、远嫁的女儿、求学的学子不论离家多远都要回家，与家人团聚。这表现出中华民族重亲情、讲和谐的传统，在外游历的人利用节日与家人进行感情交流和思想沟通，对家庭和睦、社会稳定起到积极作用；节日团聚之时，与家中长辈就工作、学习和生活上遇到的困难与迷惑进行诉说，能缓解一年工作与生活的压力。又如清明节，与家人一起为祖辈扫墓，也是对中国传统孝道的延续和继承。其表现出中华民族尊重祖先、尊重历史的传统和自古提倡孝感天下的理念。每逢清明节，即便是远离故乡的游子，对回乡祭祖始终是念念不忘的。再如，端午节是中国传统节日当中较重要且众所周知的一个节日，是为了纪念古代伟大的爱国主义诗人屈原而被流传下来的，是能被历史长河所保留，在古代众多文人骚客之中独独以纪念屈原而被人记住的重要节日，可见由古至今爱国主义的弘扬和教育便被老百姓们和历代政权所重视。另外，农历八月十五为三秋正中，即中秋。中秋之夜为一年之中月亮最圆之夜，秋天又是植物成熟的季节，人们既享受收获的喜悦又享受着浪漫的景色。中秋节最大的主题是团圆，

74

"海上生明月，天涯共此时"，诗人张九龄的诗句说出了中华儿女的共同愿望，也说出了海峡两岸及全世界华人共同的心声，凝结着中华民族的民族精神和民族情感，加深了民族的认同感，怀揣着民族融合与祖国统一的期望。

此外，在中国传统节日众多节日习俗内容中，应当重视和发挥进步、积极、美好的节日习俗和文化内涵，抑制和摒弃落后、消极的节日习俗。在当今工作生活节奏不断加快、人们物质生活水平逐渐提高的同时，也应当重视精神文明的进步，而不应将"过节"慢慢转为单调的"度假"，节日应当更有文化内涵。因此，利用传统节日开展思想政治教育工作，应把握其内容。

（四）创新方式方法

中国传统节日形式多样，借助传统节日开展思想政治教育工作，需要运用各种方式方法。为了使思想政治教育效果更好，在方式方法上应当创新与借鉴，既保留民族特色，同时借鉴西方节日形式方面。

首先，在深入挖掘和把握传统节日的文化内涵的基础上，借用传统节日的契机，在多个领域展开弘扬民族文化、宣扬优秀传统、凝聚国人团结等基础性工作。例如，某些高校将传统节日文化的学习课程融入学生文化素质课堂当中，学生系统地学习传统节日的由来和传统节日文化的精髓；许多政企机关每年组织领导干部在重阳节、春节等节日看望并慰问退休职工干部；还有一些单位或个人利用节假日组织职工或家人进行"红色旅游"（图2-5-2），去一些革命老区，感受不同节日文化和精神洗礼；有的人在节日里阅读一本好书，这些都是值得提倡和宣传的。

图 2-5-2　红色旅游

其次，在利用传统节日开展思想政治教育工作方式方法创新时，应保留具有浓厚民族特性的节日风俗。利用传统节日对青少年进行理想信念教育，是思想政治教育的有利时机。许多传统节日当中具有浓厚民族特性的节日风俗不应当被商业化运作替代。例如写春联，以前在农村和乡镇会看到一些文化人为他人书写春联，书写的春联可由要求写春联的人提出意愿，由书写人发挥。所以当时家家户户的春联并不相同，有许多春联是根据当户人家前一年的喜事或对下年的期望而书写的内容。这样的节日习俗，引起了人们对书法与诗词文化的兴趣，也确保了对传统文化的有效传承。此外，端午节的赛龙舟（图 2-5-3），由地方或单位组织参赛，由于龙舟比赛需要团队的配合，竞赛场面紧张刺激，既能吸引大量观众和媒体的关注，又锻炼了团队的默契，增进了团队的团结，应当对其有效地保留和传承。

图 2-5-3　赛龙舟

最后，在正确的政治导向下，面对西方节日文化的冲击，在不断加深对中西方节日文化的理解的同时，应借鉴和利用西方节日文化中积极、新颖的节日活动形式。例如，在西方社会，人们自发或有组织地在一起欢聚节日，如复活节社区组织的"火鸡大餐"，同在一个社区的人们受到当地政府的邀请，相聚一起享受节日的气氛，增进彼此的友谊。再如圣诞节，人们会自发地在节日当天欢聚教堂同唱圣歌。这些在节日的形式和组织上是值得借鉴的，更利于吸引更多的人参与传统节日活动，使思想政治教育工作的效果更好。

（五）注重整合资源

传统节日思想政治教育功能的开发和利用，需要整合各种资源共同发力，使其功能的发挥得到实效，使传统节日真正为思想政治教育服务，更有利于思想政治教育效果的巩固。

　　首先,从文化资源整合的角度来说,如传统节日含有的诗词文化、饮食文化、精神文化、诗词文化等,应有效地结合,形成共同发展的局面。例如,在精神文化之中,有观点认为中国传统文化受到儒家伦理学说的支撑,致使中国传统文化尊重人,但不注重个体的价值和自由发展,个体要融入群体之中,更强调宗族、群体、大局的利益,体现在传统节日之中就是注重有血缘性的家族成员能团圆,阖家欢乐。这就产生了矛盾,即群体的进步与个体的发展缓慢之间的矛盾。群体由个体组成,个体的发展缓慢势必影响群体的进步,群体的进步凸显了个体的发展缓慢,这也与思想政治教育的目的"促进人的全面发展"实际是相悖的,应当合理地结合起来,只有促进了个体的自由全面发展,群体的进步才能得以实现。

　　其次,从社会资源整合的角度来说,应将国家导向与社会宣传、学校教育相结合,使学校教育与家庭氛围相结合等各层面步调统一,利用传统节日深入开展思想政治教育。例如,学校教育的传统节日知识与家庭感受到的传统节日氛围相结合,通过在学校系地学习传统节日的知识,回到家中在亲人身边耳濡目染地感受传统节日气氛,使知识得以巩固,感受得到指引;再如,学校教育与社会宣传相结合,社会宣传源自国家的导向,学校教育的内容也源自国家导向,那么社会宣传的传统节日内容、精神等与学校教育的传统节日知识形成一致。只有一致,人们在对传统节日的认识上才不会感到混乱和困惑。国家、社会、学校、单位、社团、家庭等各层面形成有机的一体,形成连续性的知识链和感应链,促使传统节日思想政治教育功能的有效开发利用。

　　最后,从方式方法的角度来说,运用现代科技手段和多种载体模式相结合使优秀的传统节日文化内涵深入人心,扩大影响。例如,在对传统节日文化进行社会宣传时,可以使多种媒介相结合,即通过电视、广播、广告等结合网络进行宣传,即利用网络的时效性、主观性等特性快速传播影响,利用电视、广播等影响范围大的特性相互结合运用,以达到更好的宣传效果;再如,有部分高校已开设传统节日文化的学生文化素质修养课,也有进行传统节日或传统节日文化研究的学者提出,将传统节日的知识引入思想政治教育课堂当中,并论证这种方法是可行的。这样,既为思想政治教育课堂增添了生动有趣的一面,又使传统节日知识学习过程有了思想政治教育的引导,课后还可以开展各种节日活动,如筹备节日庆典、举行节日主体晚会等。如果将在第一课堂及教室里学习知识的方式与第二课堂及生活中的实践学习相结合,就能达到理论结合实际的理想效果。

第三章　中国传统节日民俗文化的价值

从 20 世纪初期至今，从民俗学的角度对传统节日进行研究，一直是中国传统节日研究的主流。在精神文化方面，中国传统节日浓缩着我国数千年文明的丰富内涵，集中体现着中华民族优秀的精神风貌，包含着许多独具特色的民俗文化价值。每个节日都有特定的文化内涵与精神价值。

第一节　春节民俗文化的价值

在我国众多的传统节日中，春节延续时间长，地域跨度广，节日活动丰富，是我国最重要、最隆重、最悠久、最热闹的节日，也是最具有凝聚力和文化内涵的传统节日。春节就像一根纽带，牵系着我们的家人，也紧紧维系着我们这个民族大家庭。每年春节来临之际，华夏子孙的民族认同感、归属感和自豪感都会油然而生。

一、春节溯源

春节俗称"年节"，它起源于殷商时期年头岁尾的祭神、祭祖活动，先秦时代称"腊祭"。也就是在十二月的某一天（"腊日"），即今天我们说的"腊八"前后，君王和百姓一致举行酬谢"百神"的仪式。到汉唐时代，腊祭活动仍十分隆重，要持续七八天，有人考证，这还是当时礼制上唯一可以杀猪宰羊来敬献神灵祖先的日期。春节的另一个说法：它是古代历法上规定的"元日"，所谓"四时之首"。逐渐地，元日这一天成为民间"过年"的正日。

自汉武帝太初元年始，以农历正月初一为"年"，年节的日期由此固定下来，延续至今。1911 年辛亥革命以后，开始采用公历纪年，称公历 1 月 1 日为"元旦"，称农历正月初一为"春节"。年节虽定在农历正月初一，但年节的活动却并不止于正月初一这一天。从腊月初八或腊月二十三起，人们便开始"忙年"，打扫房屋、准备年节器具等，以放爆竹、耍社火（图 3-1-1）等各种娱乐活动迎接春节。

图 3-1-1　耍社火

到了民国，由于改用了阳历，才把阴历的"年"叫作春节，因为农历新年都在"立春"前后。

二、春节习俗

漫长的历史岁月使年俗活动内容变得丰富多彩。其中，那些敬天祭神的活动已逐渐被淘汰，而富有生活情趣的内容，如除夕守岁、包饺子、蒸年糕、放鞭炮、贴春联、贴年画、倒贴"福"字、剪窗花、舞狮、舞龙、拜年等习俗至今仍很盛行。

（一）祭灶

我国春节一般是以祭灶揭开序幕的。民谣中"二十三，糖瓜粘"，就是指每年腊月二十三或二十四的祭灶，有"官三民四船家五"的说法。也就是官府在腊月二十三祭灶，一般民众在腊月二十四祭灶，水上人家则在腊月二十五举行祭灶神（图 3-1-2）活动。

图 3-1-2　祭灶神

送灶习俗在我国南北各地极为普遍。旧时,差不多家家灶间都设有"灶王爷"神位。灶王龛大都设在灶房的北面或东面,中间供上灶王爷的神像。没有灶王龛的人家,直接将神像贴在墙上。人们称这尊神为"司命菩萨"或"灶君司命"。传说他是玉皇大帝封的"九天东厨司命灶王府君",负责管理各家的灶火,被当作一家的保护神而受到崇拜。灶王爷自上一年的除夕就一直留在家中,以保护和监察一家。到了腊月二十三灶王爷便要升天,去天上向玉皇大帝汇报这一家人的善行或恶行。送灶神的仪式称为"送灶"或"辞灶"。玉皇大帝根据灶王爷的汇报,再将这一家在新的一年中应该得到的吉凶祸福的命运交于灶王爷之手。因此,对一家人来说,灶王爷的汇报实在关系重大。

送灶仪式多在黄昏入夜之时举行。一家人先到灶房,摆上桌子,向灶王爷敬香,并供上用饴糖和面做成的糖瓜等。用饴糖供奉灶王爷,是让他"老人家"甜甜嘴。有的地方,还将糖涂在灶王爷嘴的四周,边涂边说:"好话多说,不好的话别说。"人们用糖涂完灶王爷的嘴后,便将神像揭下,点火焚烧,送灶王爷升天。祭灶形式热闹,隆重而又风趣幽默,所以又把这一天称为"过小年"(图 3-1-3)。

图 3-1-3　过小年

(二)扫尘

举行过祭灶后,便正式地开始做迎接春节的准备。每年从农历腊月二十三起到除夕止,我国民间把这段时间叫作"迎春日",也叫"扫尘日"。扫尘就是年终大扫除,北方称为"扫房",南方叫作"掸尘"。"腊月二十四,掸尘扫房子"的风俗由来已久。据《吕氏春秋》记载,我国在尧舜时代就有春节扫尘的风俗。按民间的说法,因"尘"与"陈"谐音,新春扫尘有"除陈布新"的含义,其用意是要把一切"穷运""晦气"统统扫出门。这一习俗寄托着人们破旧立新的愿望和辞旧迎新的祈求。

(三)吃年夜饭

除夕是指每年农历腊月的最后一天晚上,它与春节(正月初一)首尾相连。"除夕"含有旧岁至此而除、来年另换新岁的意思。故此期间的活动都围绕着除陈布新、消灾祈福这个中心。除夕之夜是一年中最使人留恋的一晚。除夕的主要活动有三项——吃年夜饭(图 3-1-4)、祭祀、守岁。年夜饭又叫团圆饭、团年饭,是指一家人过年时欢聚在一起吃饭,并缅怀故去的祖宗。因此,不少地区的人们在吃年夜饭前要祭祖。祭祖时,应将代表祖宗的香炉从神龛上请下来安放在供桌上,然后焚香祷祝,请祖宗用餐,接着长幼依序跪拜,体现出后人慎终追远、百善孝为先的传统美德。祭毕,将祭祖用的饭菜重新加热,设大桌于大厅,一家人团团围坐,这是每个家庭大团圆的美好时刻。

图 3-1-4 吃年夜饭

年夜饭的名堂有很多,南北各地不同,有饺子、馄饨、长寿面、年糕、元宵等,并且各有讲究。北方人过年习惯吃饺子,是取新旧交替、更岁交子的意思。又因为白面饺子形状像银元宝,一盆盆端上桌象征着"新年发大财,元宝滚进来"之意。吃饺子的习俗,是从汉朝传下来的。新年吃馄饨,是取其开初之意。传说世界生成以前是混沌状态,盘古开天辟地,才有了宇宙四方。新年吃长寿面,是预祝寿长百年。至于南方人吃年糕,则取于"年高"的谐音,寓示新的一年里步步高升。

（四）守岁

守岁从吃年夜饭开始。这顿年夜饭要慢慢地吃，在掌灯时分入席，有的人家一直要吃到深夜。这个习俗至少在魏晋南北朝时就已经有了。

守岁的习俗，既有对如水逝去的岁月含惜别留恋之情，又有对来临的新年寄以美好希望之意。在这"一夜连双岁，五更分二年"的晚上，全家人围坐在一起，将茶点、瓜果放满一桌。不少地方在守岁时所备的糕点、瓜果，都是想讨个吉利的口采：吃枣（春来早），吃柿饼（事事如意），吃杏仁（幸福人），吃长生果（长生不老），吃年糕（一年更比一年高），吃橘子、梨子（谐音"吉利"，来年大吉大利）。除夕晚上，一家老小熬年守岁，欢聚酣饮，共享天伦之乐。

（五）燃放爆竹

当午夜交正子时，爆竹声则震响天宇。这时，屋内是通明的灯火，庭前是灿烂的火花，屋外是震天的响声，把除夕的热闹气氛推向了最高潮。"爆竹声中一岁除，春风送暖入屠苏。千门万户曈曈日，总把新桃换旧符。"（王安石《元日》）

春节早晨，开门大吉，先放爆竹（图3-1-5），叫作"开门炮仗"。爆竹声后，碎红满地，灿若云锦，称为"满堂红"。这时满街瑞气喜气洋洋。现在许多城市为了避免火灾，禁燃鞭炮，有人就以"电子鞭炮"代之，可见，民间对这个风俗的留恋和喜爱。

图 3-1-5　放爆竹

（六）贴春联

春联是从桃符发展而来的。"桃符"即悬挂在大门两旁的长方形桃木板。

原来人们用桃木板画神荼、郁垒画像，挂在两扇门上。后来，改成只写字的"门目"，上书"神荼""郁垒"。但门目上两边各写两字，表达内容有限，人们觉得不过瘾，便又在大门两侧再挂上两块桃木板（后改用纸），写上了字数较多、能充分反映心愿的对子。蜀后主孟昶的"新年纳余庆，嘉节号长春"，据说是我国最早的一幅春联。

用红纸写春联则始于明朝朱元璋建都南京后。传说有一次朱元璋亲自到民间察看，只见一户人家没贴春联。经询问得知这户人家是阉猪的，不识字。于是朱元璋找来红纸，亲自动笔为他写了"双手劈开生死路，一刀割断是非根"一联。经明太祖提倡，此后贴春联（图3-1-6）便被沿袭成为风俗，一直流传至今。历代春联不乏佳作，其中，最有名的莫过于明朝潮州才子林大钦撰写的"天增岁月人增寿，春满乾坤福满门"了。

图 3-1-6　贴春联

（七）拜年

春节到亲朋好友家祝贺新春，称为拜年。拜年是中国民间的传统习俗，是人们辞旧迎新、相互表达美好祝愿的一种方式。我国拜年的习俗行之已久。古时有拜年和贺年之分：拜年是向长辈叩岁，贺年是平辈相互道贺。

大年初一的早上，人们起床穿好新衣后，第一件事是自家对拜，往往是晚辈先祝福长辈健康长寿，万事如意。然后长辈给晚辈晓以期望，并将事先准备好的"压岁钱"分给晚辈。早饭后，就各自向自己的亲朋好友拜年。拜年者进了亲友的门，应该看不同对象说不同的祝语。例如，对老人说"新春如意""寿比南山"，老人会咧开嘴笑；对有工作的人则说"工作顺利""新年进步"，听的人会觉得十分顺耳；对做生意的人来说，最中听的话莫过于"恭喜发财"了；对正在读书的小孩来说，他们最希望听到的话莫过于"新年学习进步"。

三、春节禁忌

春节期间，人们往往会利用谐音，互相说一些吉利话，食物往往也跟谐音相关。例如，鱼代表年年有余，丸子意味着团团圆圆，年糕表示步步高升。客家人正月初七吃七样菜，包括芹菜（象征勤快）、蒜（象征计算）、葱（象征聪明）、芫荽（象征缘分）、韭菜（象征长久）、鱼（象征富余）、肉（象征富裕）等。有的地方时兴送橘子，以表吉利。

除夕之夜，阖家团聚，从前家家点烛、焚香、祭祖，一起吃年夜饭。这是家庭团圆的重要时刻，人们都看重这一时刻，有钱没钱，回家过年。不管路途多么遥远，在外地的儿孙多半要赶回家，和家人团聚。旧时北京人过年时要吃荸荠，谐音"必齐"，没有回来的人也要给他摆一副碗筷，就是强调新年团聚。以前，一般是晚辈回到长辈所居住的地方；现在，由于工作和时间的关系，也有长辈到儿孙辈家里过年的。虽然地点变了，但不变的是浓浓的血缘亲情。小辈给长辈拜年时，长辈要给小辈"压岁钱"，因"岁"与"祟"同音，人们认为"压岁钱"可以压住邪祟，保佑孩子们平平安安、顺利成长。除夕夜，有接神风俗的地方，接神后，将芝麻秸从街门内铺到屋门，人在上面行走，噼啪作响，称为"踩岁"，亦称"踩祟"。由于"岁"与"祟"同音，取新春开始驱除邪祟的意思。

春节期间也有一些行为禁忌。据传正月初一为扫帚生日，这一天不能动用扫帚，否则会扫走运气、破财，而把扫帚星引来，招致霉运。假使非要扫地不可，须从外头扫到里边。这一天也不能往外泼水、倒垃圾，怕因此破财。

四、春节民俗文化的价值

春节深远的影响力和广泛的辐射范围是其他传统节日所难以企及的。春节深厚的文化底蕴、丰富的内在魅力和在社会、家庭与个人层面强大的功能，都让它当之无愧地成为中国最重要的传统节日。

（一）春节的文化意义

流传数千年的春节有着极其深厚的历史文化底蕴，它的相关传说、节日礼仪和一系列的禁忌都让我们对此深有领悟。

　　春节，无地域之分，无老少之别，各地均十分重视，并形成了独特的春节礼仪、禁忌和习俗。尽管各地方不尽相同，但却大同小异。祭祀祖宗、求佛拜神、走亲访友是其主要内容。尽管现在许多人认为春节有许多"过时"的迷信活动和封建思想，但是从更高一层的思想领域和文化视觉来看，那些为当代人所疏远、所鄙视、所抛弃的"封建迷信"并不单纯是一种迷信，它所表达的是人们祈求安康、追求幸福生活的美好愿景。春节期间，上至天地众神，下至鸡羊猪狗，都把"福""禄""寿""喜""吉"抬到了最高的价值。

　　在春节的诸多文化礼仪当中，家喻户晓、家家门前张贴的春联算是最具普遍意义的了。春联是由古代"桃符"（图3-1-7）演绎而来的，是春节文化底蕴的重要表征之一。春节期间，大街小巷、商铺企业均会购置春联以张贴，以求诸事顺遂。各家庭也会根据各屋子的作用不同而选择不同的春联。例如，适用于厨房的"五味调和堪称善饪，三餐适口亦算良厨""调和无味承金鼎，掇拾群芳补太各"；适用于书房的"桃李迎春，满园锦绣迎蜂蝶""江山竞秀，万里风光入画图"；适用于猪圈的"圆头大耳，不计天下事，早日胖胖；膘肥体壮，难得坦荡心，富贵连连"等，使丰富多彩的春联形成了独特的春联文化。随着时代的发展和进步，春联的内容也得到了丰富和提升，充分表达了人们对国家、生活和未来的美好期盼与向往。

图3-1-7　桃符

（二）春节的社会功能

　　春节是传统节日的典型代表，春节的功能多是传统节日的缩影。在当代各

85

国都加大对非物质文化遗产保护的大背景下，春节的社会功能逐渐被社会各界加以宣传和挖掘。总体来说，春节的社会功能主要体现在以下几个方面。

1. 增强社会和谐

在现实生活中，人与人的关系难免受世俗化、理性化和功利化的影响，"天下熙熙皆为利来，天下攘攘皆为利往"这句名言足以证明。也只有春节这样的节日，才能为人们提供一个非功利互动的平台，让人们得以摘下功利的面具，跟亲朋好友近距离地沟通感情，不再像平常一样身心俱疲地戴着面具生活。春节期间，外出的亲友回家，所有工作都暂时停止，来来往往，只为倾吐真情、表达祝福，彼此享受着这温馨美好的时刻，体会着家庭的温暖。也只有在这个时候，人们才真正地脱离了各种束缚，完全无拘束地做到了沟通情感和表达自我。家庭的意义得以体现，人们在家庭的熏陶中加强了对民族和国家的感情，这无疑给人们上了一堂意义深长的感情课。无数家庭的稳定与温馨让社会和谐得以巩固和实现。

2. 促进社会整合

春节是举家团圆的日子，许多在外务工和求学的人都会回家和亲人一起欢度春节。毫无疑问，春节具有增进人们对社会与家庭的归属感和认同感的作用，并自存在以来就一直具有较强的社会整合功能。

当代中国正处在社会转型期，问题和矛盾日益凸显，尤其是流动人口日益增加和人际关系陌生化的问题正影响着人们的日常生活。日益增加的流动人口除了增加政府的管理难度，还对人们的日常生活造成了影响。人际关系逐渐物化，人与人之间的距离不断变远，人际关系陌生化正在破坏社会的和谐健康，而春节恰恰给出了缓解这些问题的一个途径和策略。相对于当代人际关系的短暂化、功利化和冷漠化，春节确实是一个注重分享和馈赠的非功利化节日。春节让人们从物欲横流的困境中得以解脱，可以在馈赠和分享中享受人性伦理的洗礼，感受人性温情的滋养，并能够给自己今后生活中遇到的困境提供些许慰藉。

同时，春节期间，各电台和通信设施都会将本地的特色风土人情予以展示，人们可以通过各种渠道了解祖国各地的文化，实现文化与人情差异的整合。在这种交流中，社会凝聚力和民族自豪感也会油然而生，增强对社会的认同感和归属感。这种文化的交流也有助于人们认清不同人、不同地区、不同民族之间的差异，从而更好地接受差异，在社会结构日益复杂的社会中实现"求同存异"，更好地适应社会。

3. 推动经济发展

随着社会主义市场经济的发展，人们的经济观念逐渐加强，"假日经济"逐渐成为经济领域中一个比较被看好的领域。春节作为中国最重要的节日和中国人民最有感情的节日，其经济效益可见一斑。春节消费符合中国人的消费习惯，长期的历史文化使中国人习惯在节日期间进行消费，就连平时很节俭的人也会在春节期间"奢侈"一回，以求来年诸事顺遂、年年有余。因此，每逢春节，各商业领域均会相继推出各种优惠政策进行促销，使春节期间的经济消费一路看涨。尤其是近年来，人们的生活水平日渐提高，消费档次逐年上升，春节期间的消费能力一年比一年强，春节经济成了拉动内需的新动力，春节对发展假日经济的功能越来越强大（图3-1-8）。

图 3-1-8　买年货

第二节　清明节民俗文化的价值

晚唐诗人杜牧的《清明》诗千古传诵至今。清明节（图3-2-1）是我国的传统节日，节期在每年公历4月5日前后，且有10日前8日后及10日前10日后这近20天内均属清明节的说法。这时，万物沉睡的严冬过去，万象更新的春天来到，到处是春光明媚、草木萌动的清明景象。在一年二十四节气当中，民间特别重视清明节。清明节是我国民间重要的"八节"（上元节、清明节、立夏、端午节、中元节、中秋节、冬至和除夕）之一。清明节，又称扫坟节、鬼节、冥节，与七月十五的中元节及十月十五的下元节合称为三冥节，都与祭祀先人及鬼神有关。

图 3-2-1　清明节

一、清明节的起源

要谈清明节，须从古代一个非常有名的、现在已失传的节日——寒食节说起。

寒食节，又称熟食节、禁烟节、冷节。它的日期距冬至 105 日，距清明不过一两天。这个节日的主要节俗就是禁火，不许生火煮食，只能吃备好的熟食、冷食，故而得名。据历史记载，2000 多年以前的春秋时期，晋公子重耳为逃避迫害而流亡国外长达 19 年。相传流亡途中，在一个渺无人烟的地方，重耳又累又饿，再也无力站起来。随臣找了半天也找不到一点吃的。正在大家万分焦急时，护驾跟随的介子推走到僻静处，从自己的大腿上割下了一块肉。喝了肉汤后的重耳渐渐恢复了精神。当重耳得知这件事情后，流下了眼泪。

后来，重耳回到晋国，做了国君，即春秋五霸之一晋文公。大事封赏所有随从，唯独介子推拒绝接受，带着老母亲躲入绵山。绵山山高路险，树木茂密，找寻两个人谈何容易，有人献计，从三面火烧绵山，逼出介子推。大火烧遍绵山，却没见介子推的身影。火熄灭后，人们才发现身背老母亲的介子推已坐在一棵老柳树下死了。晋文公见状，恸哭不已。装殓时，有人从树洞里发现一封血书，上面写道："割肉奉君尽丹心，但愿主公常清明。"第二年，晋文公率众臣登山祭奠，发现老柳树死而复活，便赐老柳树为"清明柳"，并晓谕天下，把寒食节的后一天定为清明节。晋文公还下令把介子推被烧死的那一天定为寒食节。以后年年岁岁，每逢寒食节都要禁止生火，要吃冷饭，以示追怀之意。久而久之，人们便将寒食节与清明节合二为一。现在，清明节取代了寒食节，追思介子推的习俗也变成清明扫墓了。

其实，寒食节的真正起源是古代的钻木、求新火之制。古人因季节不同，用不同的树木钻火，有改季改火之俗。每次改火之后，就要换取新火。新火未至，就禁止人们生火。这是当时的一件大事。《周礼·秋官·司烜氏》中记载："中春，以木铎修火禁于国中。"可见，当时摇着木铎在街上走，下令禁火。司烜氏，也就是专管取火的小官。在禁火之时，人们就准备一些冷食，以供食用，这样慢慢地就成了固定的风俗。

随着时间的推移，寒食节的影响逐渐消失了，寒食节的习俗被保存于清明节中。

二、清明节的习俗

清明节和寒食节期间，恰逢阳春三月，春光明媚，桃红柳绿，一派欣欣向荣的气象。民间有禁火寒食、祭祖扫墓、踏青郊游等习俗，另外，还有荡秋千、放风筝、拔河、斗鸡、戴柳、斗草、打球等传统活动，使清明由一个单纯的农时节气成为一个富有诗意的节日。

（一）禁火寒食

古时候寒食节长达1个月。但吃冷食毕竟不利于健康，后来便缩短时间，从7天、3天逐渐改为1天。寒食节在唐之后便融合在清明节中了。

（二）祭祖扫墓

扫墓是清明节最早的一种习俗。清明节祭祖扫墓的俗例，始于帝王"墓祭"之礼，后来民间亦相仿效，自汉以来相沿承袭历2000多年而不衰，成为中华民族一种固定的风俗。

这一天，家家户户的孝子贤孙都要到郊外祭扫祖墓，为墓地锄草，替坟墓加土，好好清扫修整一番。新媳妇一定要去祭扫祖坟，俗称"上花坟"。然后供上鲜花、青团、荤菜肴和酒、饭、干果、糕点等祭品拜祭祖先。民间扫墓还习惯用土块压上一圈白纸，焚化纸钱以示孝敬。祭祖扫墓（图3-2-2）是华人慎终追远、敦亲睦族及尊祖行孝的具体表现。

图3-2-2 祭祖扫墓

89

（三）踏青

趁着清明节扫墓之余，一家大小就在山野间游乐一番，等到入暮时分回家。这一天登山踏青，或上城墙绕城而走，又叫登高踏青。

（四）插柳

清明节踏青、扫墓之时，人人头戴柳枝，家家门插柳枝，这个习俗传说和宋代大词人柳永（图3-2-3）有关。据说柳永生活放荡，常往来于花街柳巷之中。当时的歌妓无不爱其才华，并以受到柳永的青睐为荣。但因为生活不羁，柳永一生为仕途所不容，虽中过进士却死于贫困。他的墓葬费用都是由仰慕他的歌女集资的。每年清明节，歌女都到他坟前插柳枝以示纪念，久而久之就有了清明插柳的习俗。

图 3-2-3　柳永

其实插柳习俗早在唐代就有了。唐人认为三月初三在河边祭祀时，头戴柳枝可以摆脱毒虫的伤害。宋元以后，清明节插柳的习俗非常盛行，人们踏青游玩回来，在家门口插柳以避免虫疫。无论是民间传说还是史籍典章的记载，清明节插柳总是与避免疾疫有关。春节气候变暖，各种病菌开始繁殖，人们在医疗条件差的情况下只能寄希望于插柳枝了。

（五）吃青团

青团（图3-2-4），一些地方又叫清明果，吃青团的习俗源于寒食节。古代寒食节的传统食品有糯米酪、麦酪、杏仁酪，这些食品都可事前制就，供寒食节充饥，不必举火为炊。明代《七修类稿》记载："古人寒食采杨桐叶，染

90

饭青色以祭，资阳气也；今变而为青白团子，乃此义也。"清代《清嘉录》对青团有更明确的解释："市上卖青团熟藕，为祀先之品，皆可冷食。"可见，人们用它做祭品来祭祖。

图 3-2-4　青团

三、清明节民俗文化的价值

中国传统岁时节日是民俗文化的主要内容之一，岁时节日在历史社会的阶段变化的同时，也在调整变换着自己的主题。我国是具有 5000 年文化历史的古国，传统岁时节日的形成是一个漫长的过程，在这个过程中，它所承载的不仅有历史文化的内涵，还有民众的审美情趣、精神信仰、伦理关系、消费习惯的集中传承和发展的文化空间。

（一）物质生活方面的价值

在衣食住行的生活消费传统中，节日饮食传统尤其鲜明。几乎每一个传统节日都有特定的节日食品，甚至人们直接用食品名称来称呼节日。人们对物质生活周期性地满足于享受，是人们对天人、人人关系的一种独特的表达方式，传统节日食物首先是来祭祀神灵祖先的，其次是家庭共享的美食。节日食物在节日中不仅是物质产品，还是文化创造物，如清明节吃子福、子推馍。白面蒸的大馍馍中间夹着核桃、枣、豆子，象征着送子送福。此外，还要蒸一个很大的馍馍，象征着全家团圆幸福。每一个节日的食物都负载着深厚的民俗情感，围绕着节日食物形成了丰富的民俗传说。陕北的清明节都做子推馍，就是为了纪念介子推那段感人的传说。节日食物不单是节日美味，更多的是一种心情的表达。节日食物成了中国节日中物质生活不可或缺的一部分。

（二）社会生活方面的价值

节日生活既是家庭的，又是社会的。从中国的传统节日来看，大多是以家庭为主的内聚性节日，传统节日活动注重家庭成员间的团聚与交流，将节日看成培育家庭意识与强化家族人伦的民俗事件。中国节日生活传统中人伦传统是核心，传统清明节要祭祀祖先，缅怀先辈，这些节俗活动强调它的伦理内涵，民间的清明节始终关注的是私家先人的祭奠，主要基于血缘亲情。传统清明节黯然神伤的祭奠，既有无忧无虑的娱乐，又有祈福求祥的期盼，这也说明清明节符合每个人的内心与伦理要求。

这些也恰恰体现在公共层面上，我们可以发现人们所祭之祖实际上处于不同的层面，有一家之祖、一族之祖、一地之祖、一国之祖，而"报本崇初祖，数典颂轩辕"，正是处于清明节祭一国之共祖的层面。实际上正是这不同层面的祭祖行为，让人们具有了血肉联系，也因而有了认同感和归属感。与此同时，我们获得一个家庭、一个家族、一个地区、一个国家，乃至中华民族发展进步的历史深度与前程广度。节日人伦传统浸润在中国节日民俗生活之中，在节日活动中随处可见。传统的中国是一个伦理文化张扬的社会，伦理文化浸透到社会各角落，而传统节日自始至终充满着这种伦理情怀。

（三）精神生活方面的价值

节日是文化的节点，体现着民众的精神生活，人们通过节日这一时机来沟通天人关系、人人关系，表达人们内心的情感。我们还可以从传统节日的传说、习俗、娱乐活动中提炼出节日的民俗精神传统。节日传说构成了民众精神生活历史的重要组成部分。清明时节呼朋唤友、彩球高起、纸鸢高飞，这都是民众精神生活的重要表达方式，我国文学家梁实秋在《放风筝》中写道："小时候在北平清明放风筝的快乐时光，都是清明时节给我带来的精神方面的愉悦。"清明节的感恩、重情又是最根本的精神内涵，不管清明节如何衍变，追悼与祭祀是清明节最重要的内容，人们从感恩之心到感恩之举再到感恩清明。我国著名哲学家冯友兰先生曾说："行祭祀之礼并不是因为鬼神真正存在，只是祭祀祖先的人出于孝敬祖先的感情，所以礼的意义是诗的，不是宗教的。"这种仪式是一种情感的、诗意的、道德意义上的真实。他们都来抒发内心的情感与期望，从而促进民族共同体的内聚意识。

（四）文化层面的价值

上海大学社会学教授顾骏认为："清明的力量，在于体认文化之根。"节日具有了深层次的文化功能，可以凝聚集体的价值认同，传递民族的文化基因，清明节完全凭借中国人发自内心的虔敬，"生死两相隔，思念无尽时"，这是何其虔敬的举止、何其执着的心灵、何其强大的传统，这一事实让我们不得不正视清明背后的价值观。对生死的好奇，是自然生命体认的本能，即使不完全合乎科学理性但也是人之常情。当个人的一己私利与家庭利益发生冲突时，强调个人对家庭的责任。通过思念祖先的生养之恩，激发个人对血脉所及的责任感，从这一角度来看，清明节是对文化生命力的体认，是对民族历史的体认。

多少年来，清明扫墓、祭祖承载了国人太多的情感，早已成为国人一种深刻的心理积淀。在这一天人们无论身居何处，也一定要亲自到亲人、故友的坟前祭扫。人们把祭祀先人与中华民族重视孝道的民族性格直接联系起来，其文化价值类似西方的感恩节。事实上，国家与文明的历史，是靠个人与家庭的传承来完成的，我们缅怀先人、祭祀先祖，因为他们是我们的生命来源，他们的辛劳和奋斗乃是我们继续前行的起点，而我们不懈的奋斗又使祖先的生命与光辉得以发扬光大，这就是清明节赋予我们的历史责任与神圣使命。尽管许多节日活动已衰微，清明节作为一个传统节日，仍然会充满活力地继续存在下去。促使它继续存在的力量不仅来自习俗的惯性，还来自清明节的独特内涵，来自它联系着中国人的情感世界。当然，这种力量也部分来自从国家到社会、从官员到民众的文化自觉意识。

（五）社会层面的价值

"民俗文化不再只是传统意义上的下层文化和地方知识，而是全社会的公民素质、民族意识、价值哲学、政府公共管理政策、多元文化选择和大学教育的构成元素，是先进的人文文化。"民俗节日文化正是民俗文化的重要内容，民俗节日文化传统是民众最直接感知、最容易产生文化正能量的文化传统。传统民俗历经千年历史，伴随着中华民族走到今天，它经过了不断的洗礼和陶炼，积累了丰富的文化内涵。中国的四大节日——春节、清明节、端午节、中秋节超越了民族，超越了地区阶层的局限，成了覆盖全国的大节日，甚至影响到了亚洲其他地区。这些节日适应了中国社会广大阶层物质、精神、伦理与审美的共同需要，对营造和谐社会的氛围有着特殊的作用。

传统节日有着独特的魅力，为社会经济发展提供了机会。传统节日为社会消费提供了重大商机。传统节日有着其负载着的文化内涵，较为一般的假期更能激起人们的消费欲望。例如，每逢清明节城隍庙开放之时，人们纷纷前往求愿，庙会就在保留宗教祭祀活动的同时，逐渐融进集市交易活动，于是逛庙会就成为节日生活中不可缺少的内容，这时的庙会也称作庙市。传统节日期间人们的物质消费要超出平常，传统节日有着活跃城乡经济这一社会作用。

第三节　端午节民俗文化的价值

"粽子香，香厨房。艾叶香，香满堂。桃枝插在大门上，出门一望麦儿黄。这儿端阳，那儿端阳，处处都端阳。"民谣生动地唱出了端午节的节期和习俗。

农历五月初五的端午节，本名端五节，又叫端阳节、五月节等。端是开端、初的意思。农历以地支纪月，正月建寅，二月为卯，顺次至五月为午，因此称五月为午月，五月初五就叫作端午。"端午"二字最早见于晋人周处《风土记》中的记载："仲夏端午，烹鹜角黍。"时至今日，端午节仍是一个十分盛行的隆重节日。

一、端午节的起源

关于端午节的起源截至六朝，常见的共有五种说法：纪念屈原说；纪念介子推说，源于山西一带；纪念伍子胥说，源于吴、楚两地；纪念曹娥说，在浙江会稽一带流传；祭"地腊"，源于道教弟子的风俗。此外，还有起于三代的夏至节说、恶月恶日驱避说、吴越民族图腾祭说等。其中，影响最广的是纪念屈原说。千百年来，屈原的爱国精神和感人诗辞已广泛深入人心，故人们"惜而哀之，世论其辞，以相传焉"。因此在民俗文化领域，人们大多把龙舟竞渡和吃粽子与纪念屈原联系起来。

屈原，名平，是战国时期的楚国人，生于楚威王五年夏历正月初七，或谓生于楚宣王二十七年，卒于楚襄王九年。俗说屈原投江以后，当地人民伤其死，便驾舟奋力营救，因此有竞渡风俗；又说人们常放食品到水中祭屈原，但多为蛟龙所食，后因屈原的"提示"才用楝树叶包饭，外缠彩丝，做成后来的粽子样。

伍子胥（图3-3-1）名员，楚国人，父兄均为楚平王所杀，后来子胥弃暗投明，奔向吴国，助吴伐楚，五战而入楚都。当时楚平王已死，子胥掘墓鞭尸三百，以报杀父兄之仇。吴王阖闾死后，其子夫差继位，吴军士气高昂，百战百胜，越国大败，越王勾践请和，夫差许之。子胥建议应彻底消灭越国，夫差不听。吴国大宰相受越国贿赂，谗言陷害子胥，夫差信之，赐子胥宝剑，子胥以此死。子胥本为忠良，视死如归，死前对门客说："我死后，将我眼睛挖出悬挂在吴京之东门上，以看越国军队入城灭吴。"便自刎而死，夫差闻言大怒，令取子胥之尸体装在皮革里，于五月初五投入大江。因此，相传端午节亦为纪念伍子胥之日。

图 3-3-1　伍子胥

曹娥是东汉上虞人，父亲溺于江中，数日不见尸体，当时孝女曹娥年仅 14 岁，昼夜沿江号哭。过了 17 天，即五月五日也投江，5 日后抱出父尸，就此传为神话。继而相传至县府知事，令度尚为之立碑，让他的弟子邯郸淳作诔辞颂扬。孝女曹娥之墓，在今浙江绍兴，后传曹娥碑为晋王义所书。后人为纪念曹娥的孝节，在曹娥投江之处兴建曹娥庙，她所居住的村镇改名为曹娥镇，曹娥殉父之处定名为曹娥江。

二、端午节的习俗

过端午节，是中国人 2000 多年来的传统习俗，总体来说，各地过节的习俗大同小异，如吃粽子、赛龙舟、悬挂艾叶和菖蒲、戴香囊、饮用雄黄酒、给小孩涂雄黄等。

（一）赛龙舟

传说当时楚人因舍不得贤臣屈原死去，于是划船追赶拯救。他们争先恐后，追至洞庭湖时不见踪迹，是龙舟竞渡之起源。后每年五月初五划龙舟以纪念之。竞渡之习，盛行于吴、越、楚。龙舟竞赛活动现已得到新的发展，突破了时间、地域的界线，成为国际性的体育赛事。

（二）悬挂艾叶、菖蒲

在端午节，人们把插艾叶（图 3-3-2）和菖蒲作为重要内容。家家都以菖蒲、艾叶、榴花、蒜头、龙船花制成人形，称为艾人；以菖蒲、艾条插于门楣，悬于堂中；剪为虎形，妇人争相佩戴，以避邪驱瘴；用菖蒲作剑，插于门楣，有驱魔逐鬼之神效。

图 3-3-2　艾叶

艾叶所产生的奇特芳香可驱蚊蝇、虫蚁，净化空气。菖蒲狭长的叶片也含有挥发性芳香油，是提神通窍、健骨消滞、杀虫灭菌的药物。可见，古人插艾叶和菖蒲是有一定防病作用的。

另外，端午节也是自古相传的"卫生节"，人们在这一天洒扫庭院，挂艾枝、悬菖蒲、洒雄黄水、饮雄黄酒、激浊除腐、杀菌防病，这些活动也反映了中华民族的优良传统。

（三）吃粽子

粽子（图 3-3-3）又叫"角黍"，"角黍"是因其有棱角而得名的，内裹黏米。端午节吃粽子，在魏晋时代已经很盛行。西晋周处《岳阳风土记》中记载："俗以菰叶裹黍米……煮之，合烂熟，于五月五日至夏至啖之，一名粽，一名黍。"可见，这种食品是在每年端午和夏至两个节日里食用的。到了唐宋时期，粽子已极为有名，市场上常有粽子卖。

图 3-3-3　粽子

时至今日，我们过端午节时，仍会包粽子或买粽子。粽子花样有南北之别。南方常用红枣、花生、咸肉等混在糯米中制成；北方多以枣、果脯等为粽子的馅心。小小的粽子，已经成了中国传统的象征，粽子甚至流传海外，成为各国的美食。

（四）佩香囊

端午节小孩佩香囊，传说有避邪驱瘟之意，实际是用于襟头点缀装饰。香囊内有朱砂、雄黄、香药，外包以丝布，清香四溢，再以五色丝线弦扣成索，做各种形状，结成一串，形形色色，玲珑可爱。

（五）女儿回娘家

古代女儿出嫁，常住丈夫家，难得见到自己的父母。端午节是她回家看望父母的好机会。因此，人们把端午节又称为"女儿节"。这一天妇女回娘家都是由女婿陪同的，并带礼物回家，因此这一天成了沟通亲情、增进感情的节日。

四、端午节民俗文化的价值

通过对多种端午民俗活动的研究我们可以看出，端午文化结构有3个层次：物质文化层次（粽子、雄黄酒、艾草、香囊等）、行为文化层次（吃粽子、挂艾草、赛龙舟等）、精神文化层次（以屈原为象征的爱国主义、浪漫主义）。而作为一个中国传统节日，端午节又和其他民俗节日一样体现了极高的民俗文化价值。

（一）神圣的虔敬

民间崇拜和信仰是至高无上的精神情感，也是一般百姓日常生活的精神支柱。在传统民俗节日中，对天地、祖先和诸神表达虔敬，给节日蒙上一层庄严而神秘的色彩，最真切地显示了人性深处所固有的"有所敬、有所畏"的朴素宗教情感。

除了敬神（天地日月神灵）、敬祖先，还包含对一些集中体现本民族价值观的民族英雄的纪念和敬仰，如端午节纪念"忧国忧民、风骨独具"的屈原等，就反映了对民族理想和价值的追求。

（二）亲情的滋养

在中华传统民俗节日中，对亲情的滋养和呵护可以说是最核心的文化心理。世界上恐怕没有哪一个民族比中华民族更重视人间亲情了。家庭的信念、团圆的信念、故土的信念，一直是中华传统民俗节日最内在、最深刻的东西，甚至可以说，就是中华传统文化的 DNA。例如，端午节女儿由女婿陪同回家团聚等，包含着一种无形的、巨大的情感和精神力量，体现了一个民族最具原生态的亲和力和凝聚力。

（三）健康和谐的诉求

素有追求真善美传统的中华民族，对和谐的理念向来青睐有加。作为源于日常生活又对日常生活高度浓缩且立体呈现的民俗节庆，更是十分注意凸显和谐的理念，并在潜移默化的时间积累中，将其标识为一种富有特色的民族精神和价值取向。

"和谐"主要是天人和谐，即在自然和人之间寻求一种最佳的结合，从而保证自然和人接近或最终达到天时、地利、人和的圆满境界。中华传统民俗节日文化在倡导和谐方面，可谓无处不在：从节日的日期选择，到节日游乐、饮食、祭祀活动的安排，方方面面、时时处处都体现着人与自然和谐共处、相映成趣的基本精神。

传统民俗节日寄托着一个民族对美好生活的憧憬和向往。端午节的赛龙舟、吃粽子等活动都是展现人们欢庆喜悦之情的有效方式，是对祛病驱邪、祈求福寿安康的世俗渴求，也是民众普遍追求健康和谐、乐感的体现，端午插艾草、喝雄黄酒等民俗活动正是最好的证明。

对神圣的虔敬、对亲情的眷恋、对健康和谐的追求，可以视为端午文化乃至中国传统民俗节日文化的基本价值内涵。文化心理是无形的，但它深深地铭刻在我们每个人的潜意识里。传统民俗节日塑造着中国心、民族魂，它不是通过说教、灌输，而是让人在身临其境中感受、体验的，"随风潜入夜，润物细无声"。在中国心、民族魂的塑造过程中，传统民俗节日文化的传承是无法替代、不可或缺的环节。

第四节　中秋节民俗文化的价值

农历八月十五是我国传统的佳节——中秋节，也是我国仅次于春节的第二大传统节日。之所以叫中秋节，是因为八月十五恰在秋季的中间。我国古代历法把一年分为四季，每季又分为孟、仲、季三个部分，处在秋季中间的八月称为"仲秋"，所以中秋节又叫"仲秋节"。

一、中秋节的起源

根据史籍记载，"中秋"一词最早出现在《周礼》一书中。直到唐朝初年，中秋节才成为固定的节日。《唐书·太宗记》记载有"八月十五中秋节"。中秋节的盛行始于宋朝，至明清时，已与春节齐名，成为我国的主要节日之一。

中秋节还有许多别称：因节期在八月十五，所以称"八月节""八月半""八月会"；因主要活动都是围绕月亮进行的，所以又俗称"月节""月夕""追月节""玩月节""拜月节"；在唐朝，中秋节还被称为"端正月"。

中秋节月亮圆满，象征团圆，因而又叫"团圆节"。关于"团圆节"的记载最早见于明代。《西湖游览志余》中说："八月十五谓中秋，民间以月饼相送，取团圆之意。"回娘家的媳妇是日必返夫家，以寓圆满、吉庆之意。在我国的少数民族地区，中秋这一天，还举行别具特色的"拜月""闹月""行月""跳月""偷月"等丰富多彩的活动。

碧空如洗，圆月如盘。人们在尽情赏月之际，会情不自禁地想念远游在外、客居异乡的亲人。因此，中秋节还有"团圆节"之称。许多古诗表达了人们此时的思念之情，殷文圭在《八月十五夜》中写道："万里无云境九州，最团圆夜是中秋。"王建《十五夜望月寄杜郎中》诗云："今夜月明人尽望，不知秋思落谁家。"中国人历来把家人团圆、亲友团聚、共享天伦之乐看得极其珍贵，历来有"花好月圆人团聚"之谓。

中秋节起源的另一个说法是，农历八月十五这一天恰好是稻子成熟的时刻，各家都拜土地神。中秋可能就是秋报的遗俗。

二、中秋节的习俗

中秋节是远古天象崇拜——敬月习俗的遗痕。中秋节的主要活动都是围绕月亮进行的，有祭月、赏月、吃月饼等习俗。

（一）古人的祭月典礼

相传我国古代，帝王就有春天祭日、秋天祭月的礼制。据《周礼·春官》记载，周代已有"秋分夕月（拜月）"的活动。晋时亦有中秋赏月之举，不过不太普遍。直到唐代才将中秋节拜月的风俗与嫦娥奔月的神话故事结合起来，使之充满浪漫色彩，玩月之风方才大兴。但是中秋祭月（图3-4-1）、拜月的习俗是在宋代才开始形成规模的。宋代、明代、清代的宫廷拜月活动颇为盛大。这一点从我国各地遗留至今的许多拜月坛、拜月亭、望月楼等古迹就可见一斑。北京的月坛公园（图3-4-2）就是明嘉靖年间为皇家祭月修造的。

图 3-4-1　中秋祭月

图 3-4-2　月坛公园

民间对祭月也非常重视。每年中秋之夜，当月亮升起后，于露天设案，将月饼、石榴、枣等供于桌案上。拜月后，全家人围桌而坐，边吃边谈，共赏明月。现在，祭月和拜月活动已经基本上没有了，取而代之的是规模盛大、多姿多彩的游乐活动。

（二）中秋赏月

民间中秋赏月活动约始于魏晋时期，盛于唐宋。

唐代诗人王建在《十五夜望月寄杜郎中》中写道："中庭地白树栖鸦，冷露无声湿桂花。今夜月明人尽望，不知秋思落谁家。"诗人问道："月宫中清冷的露珠一定也沾湿了桂花树吧？"虽语含怅然，但把读者带进了一个月明人远、思深情长的意境。宋代，民间中秋赏月之风更加兴盛。据《东京梦华录》描写，北宋时，"中秋夕，贵家结饰台榭，民家争占酒楼，玩月笙歌，远闻千里，嬉戏连坐至晓"；而《新编醉翁谈录》记载："登楼或于中庭拜月，各有所期：男则愿早步蟾宫，高攀仙桂；女则愿貌似嫦娥，圆如皓月。"

明清以后，每逢中秋，一轮圆月东升时，人们便在庭院、楼台摆出月饼、柚子、石榴、芋头、核桃、花生、西瓜等果品，边赏月，边畅谈，直到皓月当空，再分食供月果品，其乐融融（图3-4-3）。

图 3-4-3　中秋赏月

（三）中秋吃月饼

中秋吃月饼（图3-4-4）和元宵节吃汤圆、端午节吃粽子一样，是我国民间的传统习俗。"八月十五月儿圆，中秋月饼香又甜"，这句名谚道出了中秋之夜城乡人民吃月饼的习俗。月饼最初是用来供奉月神的祭品，后来人们逐渐把中秋赏月与品尝月饼作为家人团圆的象征。慢慢地，月饼也就成了节日的礼品。

图3-4-4　月饼

三、中秋节民俗文化的价值

（一）道德教化价值

传统节日的周期性以及固定化的仪式过程在一定程度上重塑了群体的记忆，从而内化了节日的文化内涵。在中秋习俗中，有一个十分重要的节日仪式，即祭祖。祭祖往往发生在家庭、家族之中，人们在祠堂或者墓地举行烧香、上供、叩拜仪式，表达对祖先的追思和敬意，同时也期望祖先保佑子孙后代平安、健康。这种神圣的生命交流方式受儒家、道家所倡导的"孝道"文化的影响，寄托了人们对家族血脉的传承与美好期待。因此，祭祖仪式一方面表达了对祖先的追思，另一方面传达了"尊老敬老"的家庭伦理观念。

此外，走亲访友也是一种重要的节日习俗，长辈往往会传授一些待人接物、为人处世的礼仪文化。总之，传统节日包含了丰富的社会礼仪规范与价值观念，具有积极的道德教化作用。

（二）社会交际功能价值

从中秋节的发展历史来看，唐宋时期是其演变的一个分水岭。唐宋之前，以充满宗教色彩且极富仪式感的"祭祀"主题为主要的文化基调；唐宋以后，由于当时的经济社会发展更加繁荣稳定，中秋节逐渐世俗化、娱乐化，成为上至达官显贵、下至普通百姓生活中的重要传统佳节，因此，"喜庆"主题和"团聚"主题开始融入节日文化中。

在传统社会中，中秋节庙会往往是文化娱乐的主要场所。庙会是中国民间广为流传的一种民俗活动形式，满足了大众吃、喝、玩、乐的普遍心理需求。中秋节庙会往往伴随着很多丰富多彩的文化活动，如看戏剧、舞龙、舞狮、猜灯谜、看花灯等。在中秋节成为国家的法定节假日后，越来越多的年轻人选择在中秋节期间外出旅游，也有人选择在假期听一场音乐剧来放松心情。总之，古往今来，中秋节的文化仪式的社会交际功能毋庸置疑。

总而言之，中秋节是中国、东亚、东南亚地区的重要传统节日，也是中华文化的重要载体，其丰富多彩的节庆习俗，生动展现了我国古代劳动人民的精神世界，凝聚着他们的智慧与情感。中秋节习俗背后所蕴含的文化内涵，展现了中华民族的精神文化，是我们民族记忆与身份认同的重要体现，也是中国文化，乃至世界文化中不可替代的一部分。

第五节 中国传统节日民俗文化价值的缺失与重塑

传统节日是民众日常生活的特殊节点，当这些特殊的时间节点到来时，民众的文化记忆与情感认同也随之而来。我国的传统节日从古至今一直得到较好的传承与发展，但随着时代的发展和外来文化的涌入，其处境显得"岌岌可危"。20世纪初期以来，随着民俗学与现代学术研究的兴起，传统节日的相关研究也一直为学界所关注。

本节以中国传统节日民俗文化的价值为研究对象，分析了传统节日的价值变化及现实意义；发现传统节日民俗存在价值遭到质疑、神圣空间趋于瓦解、面向未来的特性缺失等问题；呼吁重塑传统节日的价值，包括维系族群运行、平衡与调节民众心理、促进人与自然和谐相处等。

一、传统节日民俗文化价值的缺失

（一）传统节日民俗文化价值遭到质疑

现代社会正在经历着从感性到理性、由地位到契约、自礼俗至法理的社会转型。在传统的节日与现代社会的激烈碰撞中，大多数人越来越遵循经济理性的原则，传统节日显得越来越无足轻重。我国自改革开放以来，经济全球化日益影响着我们的价值观念。这是社会转型时期不得不面对的问题，同时也对我国的传统文化提出了前所未有的挑战。

在对赣州市区的大学生进行走访调研时发现，"清明节"在多数大学生眼中只是"放假""休息""吃""购物"等一系列休闲活动的代名词，其中，只有部分受访大学生对清明节的文化价值表示了担忧。

传统节日为何日益衰落了？首先，传统节日的生存土壤是传统的农耕社会，人们的传统节日价值观受到了社会转型的冲击，从而影响到对传统节日的继承与参与；其次，传统节日所要传达的意义与现今理性社会所要提倡的理念有所冲突，传统文化所蕴含的人文精神、哲理价值在当代转型的社会中与人们所追求的利益至上的理性观念格格不入。东华大学工商管理学院副教授潘文焰和民俗学家仲富兰提道："作为中华民族优秀传统文化的缩影，传统节日面对这样的生存困境，预示着在经济全球化背景下与工业化进程中，脱胎于农耕社会的传统中华文明面对当今全球文化的主导力量——西方文化与现代文明（工业化文明），传统文化将日益失去生存之本，一旦民族文化消亡，民族就将不复存在。"

我国的传统节日是由农业社会及农业文明衍生出来的文化认同。在产业化与经济全球化的浪潮中，中国人的日常生活方式也发生着巨大的转变，过去作为研究对象的民间传承，已经发生了变化甚至消失殆尽。清明节的祭祀踏青已经被改变为现在都市人群难得的"放假时间"。如何面对这些问题，作为现代科学如何获得再生，对当下迫切需要解决的问题做出解答，这也是中国民俗学者面临的重要课题。

（二）文化的神圣空间不再神圣

英国人类学家爱德华·伯内特·泰勒在其著作《原始文化》一书中将文化定义为："文化，或文明，就其广泛的民族学意义来说，是包括全部知识、信仰、艺术道德、法律、风俗以及作为社会成员的人所获得和接受的任何其他的才能和习惯的复合体。"传统节日本身蕴含着无限的精神旨趣，清明节的祭祀，是对先人的追忆与怀念；七夕节的乞巧，是我国重农观念与勤劳意识的外在表现……但在当下社会转型中，我们却与这些优秀的传统价值观渐行渐远，有的甚至背道而驰。传统节日的神圣性正在被解构，过去存在人们心中的神圣空间已经平淡如常，有的甚至被人们转化为带动经济的"商品"。在相关调研中，受访者对清明节的认识和理解越来越休闲化、商业化，少有论及清明节的神圣性和文化价值。由此可见，传统节日的神圣性逐渐丧失。传统民俗节日是文化遗产，不是历史的陈迹，其所承载的神圣空间是传统文化的重要媒介，神圣空间一旦崩塌，相应的文化传承也将不复存在。

（三）传统节日面向未来的特性日益缺失

传统节日有面向未来的特性，人们在节日里许下对未来的美好愿望。传统节日将人们的需求提升到了精神层面，使人们对未来充满想象。但在工业化社会，人们就如被设定好程序的机器一样，在布置好的流水线上重复着单调、乏味的工作。日复一日的工作、高压的管理措施等因素，消磨着人们的意志，使人们身心俱疲。人们在努力追寻基本需求，无暇顾及其他，人们渴望得到的是更多的物质与财富。传统节日的传承与发扬需要民俗所在地群众的支持与参与，蒋勋说："所谓'传统'，就是活着的文化，不但活着，而且不能只活在专家、学者身上，必须活在众人百姓之中。"传统节日活态的传承，需要回归普通人的日常生活，传统节日面向未来的特性，能使人们在这样的节日里有所希冀，这是其活态传承的体现与动力。

二、传统节日民俗文化价值的重塑

中国传统节日的民俗文化价值在当代社会受到冲击，如何将其与现代社会进行有机结合？西方社会学家格奥尔格·齐美尔认为："现代社会是货币创造的一个物化世界，因此现代文化便成了人与人对立的客观文化，它的发展导致过去时代所特有的内心感受的质量的下降，精神生活的平均化。"法国社会学涂尔干·埃米尔认为："现代社会的失范是基于宗教之上的传统道德的退场。"涂尔干试图以宗教来重塑现代文明，并主张通过以宗教为基础的传统道德和以科学为基础的现代道德来共同维持社会的正常秩序。美国著名社会学家爱德华·希尔斯在《论传统》中宣称，传统应该被当作有价值生活的必要构成部分。在希尔斯看来，一个社会如果背离了文化传统，也就背离了前进的方向和行动的准则。中国的学者认为，如果丧失了传统也就丧失了社会的标准价值范式，这将会引起精神的混乱与价值理念的崩溃。从这些关于传统文化价值的争论中，可以发现倡导中国传统节日的价值。

（一）维系社会正常运行的价值

传统节日集民俗、信仰、哲学理念、美学观念及道德伦理于一体。我国传统节日文化处处流露出人伦与仁爱。如今，随着科学技术的进步，人们对事物的认识有了质的飞越，人们的观念也发生了变化。传统节日信仰的神圣性日益衰落。相反，传统节日的集中交往功能却得到了强化，现代人利用传统节日与家人团圆、与朋友相聚，也是在利用传统节日的交往功能，这可看作节日维系人伦秩序的功能表现。在赣南地区的清明节里，人们通过参与或观赏清明节民俗活动，在增进相互理解的同时，也加强了"家族美德"在人们心中的地位。传统节日的禁忌、信仰等思想也在无形之中潜移默化地影响着人们的思想，从某种角度来说，其也对社会起着规范作用。王学文指出："社会关系需时常互动与重温，否则在经过长时间的搁置后，会逐渐变得单薄。"

（二）平衡与调节人们心理的价值

民俗在社会生活中具有平衡人们心理的价值与作用。从起源的角度来看，传统节日具有让参与者调节自我心理的作用。清明节是一个独特的时间节点，它兼具了文化节日与气时令的特点，既有严肃的祭祀活动也有让人身心悠闲的踏青活动。清明节可以看作农耕社会开始劳作的集合令，在这个时间节点里，人们从较为悠闲的日子开始转为忙碌的劳作。这一张一弛之间，又何尝不是先民对自我以及周边环境认识的结果。显然，只有懂得自我调节，人们才能体会生活的乐趣；只有真正懂得节日意义，人们才能切身感受到那份节俗事项背后世界的意义。

（三）人与自然和谐共处的价值

中国古人的宇宙观既有自然意义又有神性意义。神性意义赋予人们使命与责任，自然意义上的宇宙观，与传统节日的发生、发展、继承与演变有着密不可分的联系。先民将收获所得用于祭祀祖先、神灵的行为，在某种程度上是对自然的回馈，实质则是表达对自然的感恩，体现的是人与自然和谐共生的"天人合一"价值观。尊重自然就是尊重人类自己的生命；极力保护自然，就是延续人类的生命。传统节日以及优秀传统文化以潜移默化的方式促进人与自然的和谐相处，它不仅体现着我们的民族精神，传承着我们的文明，而且其优良的文化功能也在不断滋养着中华民族。

传统节日在当今时代呈现衰落的趋势，但从另一个角度来看，它们又以另一种面貌呈现在人们面前。我国传统节日脱胎于各种仪式，但在此后较为漫长的发展历程中转化为不同地区、民族的"族群意识"或"民族精神"，最终融合为符合当今时代需求的"时代精神"。在传统道德日渐式微的今天，通过传统节日来弘扬传统道德，张扬民族正气，显然具有现实意义。

第四章　中国传统节日文化的传承与创新

传统节日文化是一项重大的传统文化遗产。在当前国家需要提高文化软实力的关键时期，重塑、复兴传统节日文化，对于弘扬传统文化具有特别重要的意义。在重塑传统节日文化的过程中，应遵循传统节日文化遗产的传承规律，正确把握传统节日文化创新发展的基本原则与路径，促进传统节日文化建设的顺利进行。

第一节　传承中国传统节日文化的原则与路径

一、传承中国传统节日文化的原则

中华优秀传统文化是中华民族的"根"和"魂"。习近平从国家的高度提出，中华优秀传统文化是治国理政的根本思想。要认清这一点，积极把中华优秀传统文化付诸行动。对传统文化的有效保护，离不开对传统节日文化的继承和弘扬，这就要求动员社会各方面力量积极参与，使人们以多种途径对传统节日文化的价值有全新的认识，对传统节日文化的财富有深刻的挖掘，对传统节日文化的保护有全面的举措。弘扬中国传统节日文化，要坚持以下几个原则。

（一）坚持批判继承原则

对于传统文化的认知要持批判性眼光，既不能完全照搬照抄，也不能盲目"一刀切"，绝对主义思想是不可取的。中国传统节日文化的继承、创新与弘扬，必须有理性认识、客观感知与正面引导，尤其要发挥人在传统节日发展中的积极作用。任何事物的发展都是奠定在遵循规律的基础上的，对于传统节日文化的继承，要"取之精髓，去之糟粕"。同时，也要注意对传统节日文化的正确引导，保留传统节日文化的精髓，使其与现代新元素相结合，创造人们喜爱的节日形式。只有坚持批判继承的原则，才能让中国传统节日文化在有更充裕的立足空间，从而形成弘扬文化、传播文化的根基，让传统文化焕发出新的活力。

（二）坚持学习借鉴原则

对于传统文化，我们强调要继承、要宣传、要巩固，但是并不代表着一成不变，更不能成为"井底之蛙"。中华民族的优秀之处在于兼容并蓄、海纳百川，这是中华民族在漫长的历史发展中积累的经验和内化的成果，也是无与伦比的民族特色。放眼当今世界，早已呈现多元化的文化发展趋势，各民族文化构成了世界文化共同体，人们在这个体系中共享资源，丰富自己的见解。节日文化所蕴含的历史、风俗等，都是我们需要学习的宝贵财富。在民族发展中，如果将传统文化喻为血肉之躯，那么传统节日要素就是躯体灵魂所在。在传承和弘扬传统节日文化的过程中，我们要虚心借鉴全世界的成功经验，认真倾听社会各界的呼吁和意见，认真挑选可供借鉴的亮点，不断学习，丰富传统节日文化的内容，提高文化品位。

一些国家优秀的节日文化对当地公民的价值理念发挥着积极的引导作用，对我国传统节日文化的建设工作具有值得借鉴的意义。要继续深入挖掘如何赋予传统节日文化时代精神，也要在纪念民族英雄诞辰、纪念重大历史事件等文化活动中，突出文化价值的作用，以中国传统节日文化为切入点，强化社会主义教育、集体主义教育与爱国主义教育，增强全社会的凝聚力与向心力。

（三）坚持创新发展原则

传统节日文化不是一成不变的，要在保持原有灵魂的同时注入新鲜元素，这样的节日文化体系才能立足社会，才能符合公众的审美意识与发展需求。众所周知，"创新是一个民族进步的灵魂，也是一个国家兴旺发达的不竭动力"。中国传统节日文化亦是如此，唯有创新才能保持传统节日文化的创造力与生命力。

创新传统文化不能停留于口头规划层面，还要有切实有效的平台去实践、有空间去拓展，传统节日是最重要的、最有效的实施平台与空间。社会是不断发展前进的，人们的生活状态发生了很大变化，人们的思维方式以及物质、精神需求都发生了改变，这种情况下继续固执地延续传统节日中单一的内容、单一的形式，显然索然无味，人们可能会失去参与欲望。过去，人们盼着过年能吃上饺子、穿上新衣服，这就是最大的"年味儿"，早早盼着这一天的到来；

但是现如今，吃饺子、穿新衣在平常生活的每一天都能实现。同时，面临日益严峻的环境污染问题，各地"禁放鞭炮"政策非常严格，再追求过去的"年味儿"显然并不现实，所以传统节日文化的弘扬与创新也要与时俱进，紧紧跟随时代发展的步伐，把握人们日益增长的精神文化需求，这样传统节日文化才能保持生命力与活力。

发展先进的文化要树立文化创新思想，在坚持大众主体地位的基础上，推陈出新、博采众长，让传统节日文化充满时代色彩。传统节日文化的创新与进步既要妥善解决民族文化与外来文化的关系，也要全面把握现代文化与传统文化的关系；同时，传统节日文化创新还必须立足于当今现代化建设的实践中，关注广大民众的实际生活，客观、理性、全面地筛选不同民族文化的精华与糟粕，在内容形式、方法上取长补短，让传统节日文化有传承、有创新、有发展。

（四）坚持以人为本原则

党的十九大把"坚持以人民为中心的发展思想"作为新时代中国特色社会主义思想中"八个明确"内容之一。并且在中国特色社会主义"十四条基本方略"中，突出强调"坚持以人民为中心"，始终坚持人民群众在民族发展与国家建设中的主体地位，同时又增写了"必须坚持以人民为中心"的发展思想。传统节日文化作为中华民族的重要历史文化遗产，代代相传，已经根植于人们的内心情感中，产生了不可动摇的心理认同感，为社会和谐稳定发展创造了基础条件。传统节日流传至今，在人们的生活中扮演着重要的角色。它的存在与发展既有现实意义，也发挥着独特的社会功能。

随着经济全球化进程的加快，中国传统节日文化已不再仅仅是中华文化的一部分，还正逐渐走向世界。传统节日文化始终都是"以人为本"的文化，无论在何时、何地，都应坚持以人为中心的文化思想，在继承与传播中华传统文化时，仍然要突出人的核心地位。如何淘汰不适应时代新发展的糟粕文化、如何吸收借鉴外来文化、如何创新文化传播方式与途径，"以人为本"的文化从古至今都有其存在的巨大价值，要根植于广大人民群众的生活方式、思想观念与发展需求当中。现如今，人们的生活水平提高了、收入差距缩小了，但对于传统节日文化的精神层面需求变得更加多元化，弘扬中国传统节日文化，赋予其鲜明的时代价值，不能脱离"人"的实际，要与时俱进，更要"以人为本"，这才是正确的文化创新发展之路。

（五）坚持民族性与全球化发展相统一原则

文化的民族性与经济全球化是辩证、统一的关系，并在一定程度上互为因果。在经济全球化的时代浪潮中，文化的国际化进程明显加快，中国传统节日文化在面临机遇的同时也迎来挑战，所以必须保持头脑冷静，积极应对，在国际间激烈的竞争中稳操胜券，站稳脚跟。同时，我国在文化国际化强劲走势下的任务是准确地定位传统节日文化，对其进行继承、丰富、弘扬和创新。对那些弱化和排斥传统节日文化个性与特点的认识和行为，必须意识到它是不科学、不实际的，是与文化国际化的本义相悖的。

面对经济全球化与工业化的双重挑战，中国传统节日文化如何在坚持自我的前提下继承、发展和弘扬，是我国在新的历史条件下面临的重大课题。保持民族性与经济全球化发展相统一，首先要突显民族本色，这要求在积极汲取和融会世界优秀文化的过程中，强化传统节日文化的特点与个性，丰富传统节日文化的内涵，提升文化品位，赋予传统节日文化新的意义，使之在不断的创新中得到丰富和发展。其次，中国传统节日文化需要与时俱进，始终以丰富、发展和弘扬民族性为己任。对待传统节日文化，无论在题材、内容方面，还是在风格、形式等方面，都要鲜明地突出民族特点和民族气质，强力打造出坚挺的民族脊梁与恢宏的民族精神，并以此构成一道旖旎的时代文化风景线、跳跃的民族灵魂、跃动的民族脉搏和高昂的民族精神。保持文化品位与文明品格、审美情愫与道德情操、时代精神与民族精神、思想内涵与社会内涵四个方面相统一。

（六）坚持政府干预与民众参与相结合的原则

坚持政府干预与民众参与相结合的原则，是指在党和政府的统一领导下，充分调动人民群众的积极性，使传统节日文化建设在人民群众的支持和配合下，将传统节日文化原汁原味地保留和传承下去。

在保护传统节日遗产过程中，政府的参与是十分必要的。如果没有政府部门的关注和支持，传统节日文化建设就不能顺利进行。但是，我们应该清醒地认识到，政府并不是传统节日文化的直接传承人，传统节日是属于民间的。如果政府对传统节日文化干涉过多，那么传统节日文化建设会因遭到政府的"保护性"破坏而失去原有的味道。因此，政府应该从服务者的立场出发，利用行政资源，鼓励、引导、支持、帮助民间社会把传统节日保护好、传承好，为传统节日文化建设做出贡献。

传统节日产生于民间，其节日时令、活动场所、节庆仪式等都源自民间，其传承主体是广大民众。在政府的鼓励、引导、支持和帮助下，民间社会的积极性可以受到最大限度的调动。这样，不但可以节省政府的财政资源，而且可以保持传统节日文化的原有特色。因此，坚持政府干预与民众参与相结合的原则，有利于传统节日文化建设的顺利进行。

（七）坚持物质性保护与精神性保护相结合的原则

坚持物质性保护与精神性保护相结合的原则，是指在保护传统节日文化的过程中，既重视保护传统节日的物质性，又重视保持传统节日的精神性，促进节日物质体系、节日仪式活动与节日精神核心共同发展，使传统节日形成一个内涵丰富且互相关联、充满生机的生命机体，这一生命机体既是民族文化的集中体现，也是民族文化传承的载体，同时是培植与滋养民族精神的重要方式。在保护传统节日遗产过程中，我们不仅要认识到保护节日文化需要保护它的节日仪式和节日纪念物，还要认识到保持节日的精神内涵尤为重要。节日的精神性要求节日有精神核心，中国传统节日的精神核心是祭祀神灵和家庭团聚。传统节日一旦失去精神核心，就失去了文化核心，离消亡也就不远了。

以春节为例，祖先祭祀与家庭团聚是春节的精神核心，春节是古老的庆祝丰收的节日，在此时人们要祭祀神灵和祖先，祭祀是传统春节的重要主题。每逢春节人们纷纷赶回家乡与家人团聚，共同祭祀祖先。在春节之际，我们不仅要重视贴对联、放鞭炮、包饺子、拜年等节日习俗，还要传承节日的精神即对祖先的敬畏和家庭伦理。这样，人们在传统节日中可以获得责任感和满足感。

总之，要保证传统节日的顺畅发展，必须增强对传统节日精神内涵的保护，并且在社会实践中真正了解、理解、尊重传统节日的风俗，牢固树立传统节日在中国社会的地位。

二、弘扬中国传统节日文化的宏观路径

弘扬中国传统节日文化的宏观路径，需要党和政府、有关团体组织、社会媒体及全体公民共同参与其中，分级管理，构建起"自上而下"与"自下而上"相结合的传统节日保护传承的现代责任体系。完善的责任体系需要动员社会各方面力量，立足国情，全面传承和弘扬中国传统节日文化。

（一）继承和创中华人民共和国传统节日文化

传统节日在过去具有强烈的自发性，往往是民间组织、自愿参加的庆祝活动，在当前传统节日文化初现弱化的趋势下，党和政府的作用显得尤为重要。一方面要加强引导，使党和政府成为传统节日文化传承创新的推动者，同时要充分尊重市场规律，调动民间组织、企业和社区参与传统节日活动的积极性；另一方面，加大对传统节日的政策支持力度，通过经营模式改革，借鉴国内外成功经验，打造具有丰富时代价值的传统节日文化品牌。

一个国家凸显文化软实力，传统节日的作用十分显著。中国传统节日，要强调"赋值"的重要意义。由政府为传统节日搭建"赋值"的平台，同时创设有关节日继承与传播的公共平台，促进个人、社会与国家之间的多层次交往互动，在全社会达成思想共识，凝聚团结力与创造力，赋予中国传统节日文化公认的社会价值，为社会和谐稳定打好基础。政府还应发挥传统节日的积极价值，不局限于节日的"传统"本身，而是立足于社会发展的实际情况，赋予传统节日新的时代价值。例如，挖掘传统节日的崭新时代价值，以我国传统的春节、清明节、七夕节、中秋节等为切入点，贯穿富强、民主、和谐、文明的思想；引导人民群众坚持爱国、敬业、诚信、友善，营造社会自由、平等、公正、法治的文化氛围等，通过"赋值"来促进中国传统节日文化继承与创新的和谐统一。

任何文化要素的存在与发展，都源自深刻的历史传承与沉淀，传统节日文化更是具备这一独特属性。反思民族传统节日在当今社会遭遇的一系列现实困境，归根结底在于一些传统节日过于迎合市场发展的商业化模式，逐渐被磨灭了传统节日最应保留的文化底蕴，被赋予更多市场经济的价值属性。针对这一现象，政府在推动供给侧结构性改革过程中，要把握节日市场的产品结构走向，更多地挖掘传统节日文化产品的历史附加值、文化附加值，更多地传递中华传统文化内涵与中华民族人文精神，这才是真正的传统节日文化的时代价值。

2019年元宵节期间，中共北京市委宣传部与故宫博物院联合组织大型文化活动"紫禁城上元之夜"（图4-1-1），得到了社会各界的广泛关注与充分认可，成为我国传统节日文化传承的成功典范。人们形成价值认同感，经历了理性认知与感性认知不断影响、不断作用的过程。例如，在纪念日活动中，其既有民族文化属性，也有政治属性，在启发大众形成理性认知的同时，也要通过各种活动进行包装，丰富感性体验。在"紫禁城上元之夜"活动中利用立体灯光效果在故宫建筑上展现了一幅壮观的《千里江山图》，这种以现代视听光影技术再现传统文化的技术手段，赢得了大众的一致好评，也在无形中培育了价值认同感与民族自豪感，对于面向全世界传播中华文明有积极意义。

图 4-1-1　紫禁城上元之夜

外来节日进入中国已成必然趋势，我们既不能被动地接受冲击，也不能完全放任自流，而要积极发挥党和政府的引领作用。要以包罗万象的文化心态面对西方节日以及时代发展中自创的新兴节日，并以此为契机挖掘其与民族传统节日的契合点，找出共性的文化元素，引起公众对传统文化价值的共鸣，达到自我价值与社会价值和谐统一的目的。例如，很多外来节日本身也经历了长期的历史文化积累，可吸收其节日中所蕴含的积极价值元素，如感恩节、母亲节等节日蕴含的和谐、友善、孝亲等价值。包容且欢迎多重优秀文化的存在，对于我国的传统节日文化是一种有力补充与积极拓展。可以从不同角度去传播中国传统节日文化，从侧面反映中国的文化自信。另外，在自创新兴节日中，要鼓励和肯定节日市场上健康向上的新兴节日，新兴节日的实质是满足人民群众多样化的生活需求与价值诉求。对于外来节日与新兴节日，政府要树立责任担当，讲求包容，若节日文化过度倾向商业化，而节日传递的精神理念有悖公序良俗，这样的不良节日是必须被抵制和禁止的。强化节日的经济效益与社会效益协调统一，有助于传统节日文化引领大众的健康生活。

（二）将传统节日的传承发展与乡村振兴战略相结合

实施乡村振兴战略，是中国共产党第十九次全国代表大会作出的重大决策部署。当前我国已经进入全面建成小康社会的决胜收官阶段，建设具有中国特色的社会主义现代化国家，必须肩负"乡村振兴"的重大使命。中共中央、国务院颁布的《国家乡村振兴战略规划（2018—2022年）》中提道："实施乡村振兴战略是传承中华优秀传统文化的有效途径。"在保护传统节日的基础上，还要深入挖掘传统节日背后隐藏的强大的经济价值。这也是乡村振兴战略的题中要义。

传统节日文化不仅具有丰富多样的文化资源，还可以转化为促进经济可持续发展的"文化资本"，兼具文化与经济双重属性。在《中华人民共和国非物质文化遗产法》中提出，对于非物质文化遗产资源的价值与优势，国家要充分鼓励、保护与支持；与此同时，围绕非物质文化遗产研发各地的代表性项目，挖掘地方特色与民族特色，推出更多有市场潜力的、有传统文化研究价值的文化产品与文化服务。这一规定为节日在保护传承基础上如何进行合理开发指明了方向。

日本将传统节日保护传承与区域振兴规划结合的做法对中国当前发展乡村振兴战略具有重要的借鉴价值。当下中国乡村传统节日保护传承工作可以借鉴日本文化厅"地域艺术文化活性化事业"的做法。首先，对乡村传统节日中的传统工艺等进行生产性保护，通过开办培训班、互助社等，促进乡村文化资源与现代消费需求的有效对接，形成生产性保护传承的长效机制。这样的机制，一方面可以让新时代的乡村人民通过保护与传承民俗文化获得精神上的慰藉；另一方面还能让新时代的乡村人民获得物质上的满足。其次，可以将乡村传统节日民俗与节庆产业、数字文化产业等新兴特色文化产业结合起来。通过特色文化产业的强辐射性，打通和完善交通、住宿餐饮以及特色文化商品等上下游产业链，形成独特的乡村文化旅游品牌，从而给乡村人民带来可观的经济收益，促进地域经济健康持续发展。最后，广泛开展乡村文化活动，尤其着力培养青少年对乡村传统文化的热忱和技艺能力，使乡村传统节日的保护传承融入千家万户。通过保护和传承乡村文化，深入挖掘其蕴含的优秀传统节日文化底蕴，让乡村真正实现既留得住绿水青山，又找得到金山银山的目的。

（三）制定法律法规保护并赋予节日文化时代元素

政府对于传统节日文化的引导作用是任何外部力量无法比拟的，这些引导作用包括立法支持、政策引导、财政倾斜、宣传动员等。因此，要先从政府层面重视对中国传统节日文化的继承与传播，从多元渠道着手，让多元主体发力，探寻不同传统节日的文化内涵，挖掘切实可行的继承与创新途径，同时赋予传统节日更新颖的时代价值元素。

面对传统元素与现实价值之间的矛盾冲突，政府要发挥疏导、调节、改革的作用，通过高层立法形式，从国家法律法规层面明确运用法律手段保护传统节日文化，运用制度体系规范传统节日文化的发展。随着社会经济的快速发展，人们的物质追求基本得到满足，由此也就产生了更强烈的、更多样的精神文化需求。这种情况下亟须通过完善的公共文化服务体系满足公众的多样化需求。在多样化的文化资源中，传统节日文化是公众最易于接受、便于理解的文化传递形式，很有必要将其充分纳入公共文化服务体系中并发挥积极的作用：一方面，补充与完善公共文化的服务内容；另一方面，继承与弘扬中国传统节日文化。

很多古老的文化随着社会的发展进步而被边缘化，将传统节日文化充分融入公共文化服务体系中，奠定传统节日的群众化基础，是传统文化经久不衰的根基。创新群众喜闻乐见的节日形式、节日活动与节日内容，发挥公众在文化体系建设中作为分享者、创造者的作用，除了立法支持、制度支持、服务体系支持，传统节日的发展还需要文化基金的支持。发挥多渠道实现文化产品价值的作用，尊重不同地域、不同民族的传统节日内涵与节日形式，让传统节日在当今时代的发展中有其独特属性与价值体系。

（四）传承发展传统节日物质产品及节俗象征物，提升节日文化品位

在中国传统节日中，日常让人们感知最深刻的是节日物质产品与节俗象征物，这些实物产品传递着中国传统节日文化的品位。例如，春节的门神画、中国结（图4-1-2）、鞭炮、灯笼、桃符、对联等；清明节的柳叶符、空竹、风筝等；端午节的艾草、五彩绳（图4-1-3）、彩旗、龙舟、香囊、小葫芦等；七夕节的花带、花船、花果、巧针等；中秋节的花灯；重阳节的茱萸囊、菊花等。它们能够适应不同年龄群体的差异，满足人们的物质文化需求。节日习俗活动往往围绕着这些物质产品展开，我们应充分重视节日物质产品及节俗象征物的传承、开发，要考虑不同年龄层次的人群需要，有针对性地设计节日产品与节日服务。

图 4-1-2　中国结

图 4-1-3　五彩绳

值得借鉴的是故宫上新的文化创意产品（图 4-1-4）。被赋予了传统文化的文创产品小巧精致、熠熠生辉。无论是淘宝故宫文创店的销量，还是故宫的知名度，都在一夜之间愈发"红火"。我们要创造的并不是单单具有经济价值的产品，一个小小的文化创意产品需要能够凝聚中国精神，更能够实现文化的传承。越来越多的人把这些产品看作赋予文化价值的灵魂。故宫依靠卖文化创意产品，一年创造了 10 亿元的销售额。人们不禁发问："故宫文化创意产品赚的钱都用在什么地方了？"面对如此犀利的问题，故宫学院院长单霁翔详细地给出了答案："故宫是非营利机构，不分红。销售利润都要用到故宫的事业发展上，特别是面对民众的教育活动全是免费的。"由此可见，文化创意产品的开发对于传统文化的传承具有巨大的现实意义，不仅可以满足不同群体的精神文化需求，还能够促进经济发展、造福人民群众。

图 4-1-4　故宫文化创意产品

在中国人的思想意识中，春节是喜庆的日子、中秋节是家人团聚的日子。按照传统，在穿着方面，每逢盛大的传统节日中国人都要身着盛装以示与众不同的仪式感。服饰文化是传递中国传统节日文化的重要仪式符号之一。例如，中国人喜爱的"唐装""汉服"等，都有突出的中国文化要素，既能体现传统文化，也能被人们接受与认可。新时代要对节日文化服饰进行推陈出新，许多人不仅在节日当天穿上传统服饰，还会选择在日常生活中穿着传统服饰。人们制作富有传统节日文化韵味、符合现代人穿着习惯的传统服饰，从服饰细节、材质、舒适度等入手，创造适合企业发展的传统服饰制造环境。

另外，装点节庆的烟花、灯笼等也是节庆不可或缺的元素，是节俗象征物。在保护环境的前提下，可制造无污染的电子烟花、可回收与重复利用的节日灯笼等。要在继承中不断创新，以丰富节日的内涵。产品经营者应在传统节日文化产品市场上加大研究力度，充分参考民俗学者的意见与建议，增强民俗产品的文化理念与文化价值，让节日民俗产品既有文化内涵，也有市场价值。通过民俗文化工作者与生产商、销售商的通力合作，打造全新的中国传统节日物质产品及节俗象征物的市场格局，在销售与推广传统节日文化物质产品的过程中，弘扬中华优秀传统文化。

五、弘扬中国传统节日文化，创造有利于发展的生态环境

文化的传承是血脉的传承，需要良好的生态环境。发展和弘扬传统节日文化，必须构建与之匹配的社会环境、文化背景与生态环境。打造适用于中国传统节日文化发展的良好生态环境，需要多方配合与共同努力。首先，要发挥学校的教育与宣传作用，从校园抓好文化传承，培养在校学生的民族自豪感与文化认同感，潜移默化地培育民族文化自信心。强化青少年的文化认同感，启发他们主动去了解民族文化，积极参与丰富的传统节日文化实践，使其产生内心的情感共鸣，以青少年的活力激发传统节日文化的生命力。此外，还可以发挥不同社会团体组织的作用，在传统节日期间组织精彩的民间艺术表演、节庆文艺汇演等，解读传统节日的起源故事，传播节日文化价值，形成良好的群众基础。其次，每个传统节日都有历史悠久的故事背景，将传统节日的文化意义更立体地、更直观地、更具体化地呈现出来，才能强化人们的感知与认同。例如，根据不同传统节日的历史传说、神话故事及神灵形象等，开发图腾、吉祥物等节日衍生品，既能具体呈现传统节日文化的内涵，也能创造经济价值。立足传统节日文化的特色与精髓，挖掘传统节日的文化背景、民俗风情，创设与之相关的文化产业，让传统节日文化传播成为一项系统化工程。

再次，在当今新媒体时代，大众传媒在中国传统节日文化宣传工作中发挥了舆论宣传的重大作用，通过广播、电视、报纸以及微博、微信等多元途径，宣传中国传统节日文化，营造热爱节日、热爱民族、热爱祖国的舆论氛围；在"全

民媒体"时代，鼓励公众自由表达观点，自由发表见解，分享家乡独特的传统节日与风俗文化，制作精美的传统节日视频资料，通过网络传播，让中国文化深入世界各地，树立中华民族在世界舞台的文化形象。

最后，创造有利的生态环境，还应长期赋予传统节日文化以"绿色"基因。人与自然和谐相处是中华文明自古以来的重要组成部分，要以新发展理念为引领，贯彻"绿色"理念，在弘扬中国传统节日文化的形式和内容上，突出生态保护，突出人与自然的和谐统一。例如，一些地方政府出台了清明祭扫的详细规定，结合环保措施与安全举措，与当下实际情况相结合，积极倡导更安全、环保、文明的祭扫方式。同时，还可以推出"云祭扫"（图 4-1-5）、"代祭扫"等服务，鼓励群众通过多元化方式表达哀思。

图 4-1-5　云祭扫

中国传统节日文化是世代相传的产物，是历史文化沉淀的产物，更是中华优秀传统文化的精髓与灵魂。培育和践行社会主义核心价值观，促进传统文化的创造性转化和创新性发展，增强文化自信，既有利于民族和谐、国家统一，也有利于在国际舞台树立中国文化形象，传递中国优秀传统文化的精神风貌。因此，保护传统节日文化，不单纯是保护民间民俗文化，更是保护国际化的文化发展体系，这对中华民族乃至整个人类社会都具有重要意义。

六、全民共建传统节日文化体系

重建传统节日文化体系需要学校、新闻媒体、社会等多方面的努力，共同致力于中国传统节日文化体系的建设。

（一）学校方面

学校应该加强对学生进行节日文化的教育。学校应将传统节日文化引入教学中，将传统文化的精髓通过符合学生身心发展特点的方式传授给学生。要提高学生对传统节日文化的兴趣，以各种有趣的活动为载体，吸引学生参加，培养学生对传统文化的感知能力，提高学生对文化传统的实践能力。

（二）新闻媒体方面

新闻媒体应抓住传统节日文化回归的机遇，深入挖掘传承传统节日的综合价值，加大对传统节日文化的宣传力度，更好地承担传播、传承传统节日文化的社会责任，提高对传统节日文化的开发利用效率。新闻媒体要提升文化自觉意识，做到自觉报道，以吸引社会的关注和理解，同时要积极引导人们了解传统节日的文化内涵，提高人们对传统节日的重视程度和文化感悟力。

（三）社会方面

民间组织、学术机构要参与到传统节日文化体系的建设中。我国传统节日源于民间，如神话传说、手工艺、绘画、剪纸（图 4-1-6）等，都是传统节日的文化符号，这些文化符号生存的土壤是民间社会。从形式上看，节日文化遗产基本上都属于无形文化遗产的范畴，而无形文化遗产的最大特点是它的无形性，它看不见、摸不着，通常只是作为一种观念、一种仪式、一种知识或者技能，存在于一个民族的深层意识中或无形文化遗产传承人的头脑中，而对于这些观念、知识或技能，我们是不可能将其保存在博物馆中的。因此，我们要充分发挥民间组织在文化建设中的独特作用，各类学术机构、科研人员也要深入民间进行调研，通过学术研究不断记录和挖掘传统节日的文化内涵，对传统节日文化进行传承。

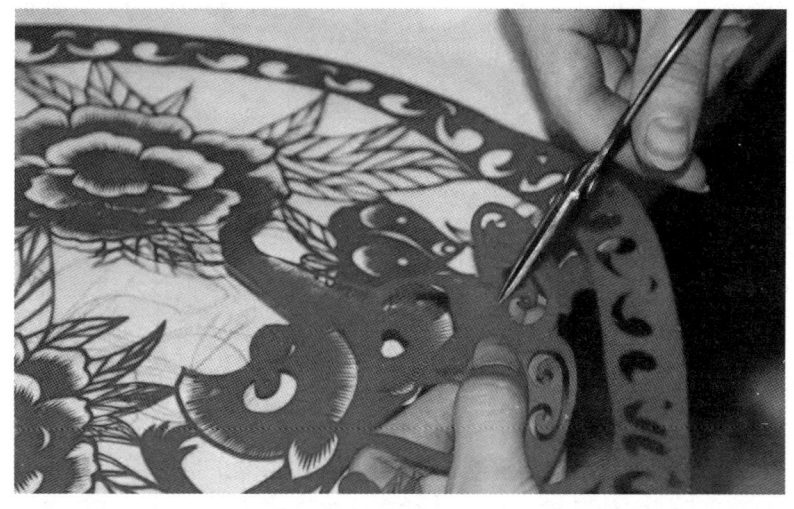

图 4-1-6　剪纸

第二节　中国传统节日文化的创新发展

习近平强调，加快对中华优秀传统文化的"双创"转变，既要继承传统，也要创新发展，切忌简单复制，切忌故步自封。传统文化要继承、要传播、要创新，关键在于突破理论认识、赋予新时代内涵。以此为指引，客观思考当下我国传统节日文化面临的种种发展困境，要重点挖掘节日的文化价值与思想内涵，基于创新思想为传统节日注入时代生命力，既要向前加快社会主义现代化建设，也要回头守望传统节日文化。只有精神文化与社会文化同步建设，才能早日完成社会主义核心价值观的发展目标。

一、传播中国传统节日文化的意义

对当代中国来说，传统节日文化是亟待抢救保护的文化遗产。遗产不是历史的陈迹，而是一笔可贵的精神财富，它是不同文化对话交流、理解欣赏的桥梁。传统节日因其特有的文化内涵在当代社会中仍然具有重要的价值，是建设现代民族国家可以取用的重要资源。

（一）社会和谐的黏合剂

近年来，中央政府极力倡导构建和谐社会，建立和谐社会是推动社会进一步发展的需要。随着中国社会经济的发展，公平、公正在社会生活中的地位也日益提高，和谐社会的建立满足了当下群众的需求，而传统节日文化的传播更是促进当代和谐社会的重要精神动力。

1. 传统节日能有效协调家庭关系

中国传统文化重视人情伦理，重视家庭。在中国传统节日中，许多节日都有回归家庭的主题，家庭内部关系的和谐在节日习俗中得到特别强调。例如，除夕之夜是中华民族最隆重、最讲究团圆的时刻，无论身在何处，人们都要在除夕之前赶回家，与家人共同享受团圆、美好的气氛；正月十五元宵节，家家户户都要团聚一堂，煮食元宵。元宵也叫团子、圆子，因煮熟后浮在汤面上，故又称"汤圆"。吃元宵是取"团"和"圆"之音，寓示着一家人团团圆圆、幸福安康。八月十五中秋之夜，人月双圆，一家人围坐在一起观月、赏月、吃月饼，共享天伦之乐。家庭是社会组织的细胞，家庭的和谐与稳定给社会的和谐与稳定提供了坚实的基础。传统社会有"忠臣必出于孝义之家"的说法，在现代社会，公民良好的道德素质同样与和谐的家庭关系密不可分。

2.传统节日能有效协调社会关系

一方面，传统节日对社会个体具有教化作用。传统节日本身蕴含着诸多中华民族的传统美德，人们在参与传统节日活动的过程中，潜移默化地受其影响，被其教化。这些传统美德主要体现为：热爱生命、追求健康的人本精神；敬祖孝先、尊老爱幼的传统美德；勤劳勇敢、刚健有为的自强精神；弘扬正义、忧国忧民的爱国情怀；贵和尚美、团结和睦及平安吉祥的心理追求等。人们自身素质的提高，对和谐的社会关系的建设具有重要作用。另一方面，传统节日非常注重调节乡村邻里与城市社区的关系，除了家族内聚，也有扩大社会交往的特性。清明节踏青郊游、端午节龙舟竞渡、中秋节馈送月饼、重阳节登高望远等，都给人们创造了相互交往的机会，人们在相互交往的过程中，逐渐加深对彼此的了解，有助于形成一种与人为善、和谐相处的人际关系，这是建设和谐社会的重要保证。

（二）国家形象的展示台

国家形象作为反映在媒介和人们心理中的对于一个国家及其民众的历史、现实、政治、经济、文化、生活方式以及价值观的综合印象，是国家的外部公众和内部公众对国家本身、国家行为和国家各项活动及其成果所给予的总的评价和认定，其中，既包含着对国家的认识，也包含着理性评价和感性态度。在经济全球化和信息化时代，国家形象已经成为国家利益的重要体现，是国家对外竞争力和国家软实力的重要组成部分。良好的国家形象对内可以凝聚人心，形成全民共识，对外有助于形成良好的外部发展环境。因此，世界各国都把造和传播国家形象当作政府工作的重中之重。

文化是人类认知的过滤器，人类的认知过程和认知结果都要经过文化价值的过滤。国家形象是人们认知的一种，因此文化传播与国家形象塑造之间存在着密不可分的必然联系。当前中央政府十分提倡利用文化传播来塑造国家形象，并且强调国家形象建设要从"他塑"到"自塑"转变，避免官方意识形态浓厚，通过柔性方式、民间渠道自发嬗变。传统节日文化的传播是国家形象建构的一个很好的民间诠释。

近年来，随着中国国际地位的显著提升，海外华人在异文化社会过春节的声势越来越大，吸引了越来越多的非华裔民众观赏、参加华人过年的活动。在巴黎、纽约、温哥华等欧美城市，春节已经成为一年一度的大型文化节，参加者不仅是华人华侨，当地政府也出面组织相关的活动，市长致辞，并参加游行活动。春节等传统节日让世界人民分享我们的快乐，认同我们的价值观，认识文化生态多样性的重要，认识到我们中华民族的温厚与崇高。

（三）民族认同的助推器

中国传统节日是对民族文化的一种全民性强化，是延续民族品性、增强民族认同的链条。传统节日超越了地域、阶级、种族的界限，无论是官方还是民间，无论是达官显贵还是庶民百姓，无不同日而庆、同日而乐。每逢春节，中国人返乡的景象如同候鸟回迁，大多数人不论身在何处都要踏上归乡之路，与家人共度佳节。每逢清明节，大批海外华侨回国祭祀祖先和本民族的始祖。每年有数以万计的海外华侨来到黄帝陵、轩辕庙，祭祀华夏始祖轩辕黄帝。他们在庄严肃穆的气氛中，在追忆先祖的仪式中，接受着民族文化的熏陶和人文精神的陶冶，保持着血脉相连、心心相印的情感。传统节日文化的因子渗透到每个人的心中，传统节日文化的传播彰显到社会生活的各领域，整个民族在周而复始的中华节庆文化的洗礼中，凝聚和维系着民族情感，锤炼和固化着民族个性，培育和弘扬着民族精神，壮大着民族形象。

二、中国传统节日文化的创新策略

传统节日作为一种载体和复合性的文化表现形式，居于非物质文化遗产框架的核心位置，很多非物质文化遗产的精粹都展现在完整的节日活动之中。因此，要实现对传统节日文化的有效保护、传承，需要充分发挥各方面的力量，不断创新和发展节日文化的内容、内涵和载体形式，积极促进其融入日常生活中，形成活态。

（一）塑造中国传统节日的文化仪式和文化符号

节日的起源有其特定的文化背景，不同的文化背景又映衬着特定的文化仪式与文化符号。例如，在我国的传统节日中，春节的文化仪式有辞旧迎新、祭拜神灵与祖先，文化符号则有鞭炮、饺子、春联等；清明节的文化仪式有祭祀古人、纪念祖先，文化符号有踏青、放风筝；中秋节是举家团圆的日子，文化仪式有思念家乡、与亲人团圆，文化符号则有彩灯、月亮、月饼等；端午节的文化仪式来自最初的祭祀图腾部落，再发展到后来的纪念屈原，文化符号有粽子、彩旗、艾蒿、粽子等。

传统节日在当代社会能否保持强大的吸引力，能否获得更多人的认可、支持与参与，需要考虑传统节日本身是否真正符合每个人的实际需求与心理体验。所以，推崇中国传统节日文化，要从重塑节日的文化仪式与文化符号着手，既要把握传统根基，也要吸收外来精髓，更要面向未来发展。通过网络、媒体等多种途径，赋予文化符号时代特色与精神活力，让人们在节日的仪式感中，唤起文化认同感与文化自信心。我国在《关于实施中华优秀传统文化传承发展工程的意见》中，倡导加大力度推进"中国传统节日振兴工程"，以我们的节日为主题，深化春节、元宵节、端午节、中秋节、重阳节等传统节日的内涵，探寻全新的节日活动形式。简言之，当代社会的传统节日文化传播，既要不忘本，也要有创新，才能面向全体人民、面向全世界推出中国传统文化的名片。

以传统节日期间的元宵花灯为例，人们完全可以恢复元宵悬灯的习俗，再造元宵灯节的辉煌。现在的元宵灯节几乎失去了灯节的全部精彩，沦为一个普通节日。其实，再造灯节辉煌无论是从政府、媒体、商场的角度来讲，还是从个体的角度来讲，都是很有意义的。首先，从政府的角度来说，人们重视元宵灯节（图4-2-1），不仅体现出人们对传统文化的文化自觉和文化自信，还能增进社会对个人的吸引力和凝聚力，有助于社会的和谐与稳定；其次，媒体通过制作、播放传统节日系列活动的节目，不仅能达到宣传传统节日的目的，还能够通过制作精良的节目来提高收视率；再次，从商家的角度来看，商家制作多种类和花样的灯笼，可以吸引更多的顾客。人们在观赏灯笼的同时，也能增加购买商品的机会，商家既能打出名号，又能得到经济收益；最后，从个人的角度来看，元宵灯节再现辉煌，人们可以在处处悬灯、张灯结彩的环境里追忆往昔，回忆家庭的温馨，相当于重新构建了一个温情的人性平台，巩固了个体与家庭和社会的纽带。

图 4-2-1　元宵灯节

当然，除了元宵节的灯笼，传统节日还有许多可以开发利用的节日文化符号。腊八粥、中国结、粽子、月饼等，都是可供开发利用的节日文化符号。这些节日文化符号若能得到很好的开发利用，传统节日的节日氛围就能得到很好的提升和保障，传统节日没意思的现状也会得到很好的改善。

（二）发挥传统节日文化建设大军的推动作用

中国传统节日文化的继承与传播，需要庞大主体的推动。传统节日文化具有的浓厚地域文化气息，奠定在家族血缘的坚定根基之上，形成了约定俗成、代代相传的文化习惯。但是随着我国发展速度的加快和人口流动的加剧，家庭聚集力量推动传统节日文化已经很难发挥效应，必须重新构建传统节日文化建设大军，发挥其积极作用。一方面，要发挥人民的积极作用。在中国民间，还有很大一部分非物质文化遗产的继承者，他们还坚守着传统节日文化的阵地，他们是最有代表性的、最有说服力的民间大军，将非物质文化遗产与传统节日文化有机结合，二者互相促进。与此同时，加快推动民间商业化发展，创设具有传统节日文化内涵的文化附加产品，以节日文化推动民间经济发展，再以民间良好的经济发展水平促进节日文化的宣传、推广，实现二者共赢发展。另一方面，发挥政府的积极作用。发挥政府在拓展中国传统节日文化中的主导力量，加大中国传统节日文化的开发与宣传力度，创立与众不同的中国传统节日文化品牌。从国家层面加强对传统节日文化的重视与保护，将中国传统节日如春节、清明节、端午节、中秋节等列入国家级非物质文化遗产名录中，发挥政府与民间的合力作用，助推传统节日文化迎来创新与发展的多重机遇。传统节日文化贴合人民群众的认知水平，具有强大的影响力，文化强国建设不能忽视传统节日文化的价值作用，在实现中华民族伟大复兴的"中国梦"过程中，中国传统节日文化给国人带来的精神动力不容小觑。

（三）拓展传统节日文化的娱乐性和公共性

传统节日，是一个全民性的节日，自形成以来，就包含着与民同乐的内涵。虽然随着时代的变迁和人们思想观念的变化，传统节日中对神灵与祖宗的崇拜淡薄了许多，但是传统节日文化的娱乐性和公共性却是从未丢失的。以前人们在传统节日期间得以离开繁重的工作放松自我、享受愉悦、分享快乐、与人同乐，现在人们依然如此。然而，传统节日的淡化却不容置疑，为了让传统节日在当代社会更好地传承和发展，就必须充分发挥传统节日的娱乐性和公共性，拓展传统节日的娱乐性和公共性。

从传统节日文化的娱乐性方面来讲，各大媒体可以适时搜集和播出传统节日期间的各类奇闻趣事，让民众在欢声笑语中放松紧绷的神经，感受传统节日的乐趣。

从传统节日文化的公共性方面来讲，传统节日是全民性的节日，其公共性不言而喻。然而大行其道的功利思想的盛行，传统节日里共性的神灵崇拜等"封建迷信"思想的削减和小团体小圈子的盛行，都使传统节日的公共性有所减弱。要想传统节日的公共性得以巩固和拓展，首先必须挖掘传统节日的时代意义和社会功能，让其得到更多人的重视和尊重。其次，要给予民众更多回家的机会，让他们能在传统节日期间与亲人团聚，共享传统节日。对于那些为了维护国家与社会正常秩序而不能回家的人，也要给予一定的关怀，让他们感受到传统节日的温暖。

（四）着力打造传统节日文化资源的传承平台

一是切实加强民族传统节日保护基地建设。当前许多地方性的传统节俗正在逐渐消逝，因此对传统节俗进行专项保护是十分必要的。我们可以从中华民族传统节日里选择有代表性的特色节俗作为保护主题，在文化行政部门的主导下，有计划、分步骤地建立民族传统节日保护基地，提供一个传承与展示的平台，将已经远离现实生活的原本丰富多彩的节日民俗展现出来，挖掘传统节日的丰富内涵，培养一批传统节日传承的研究人才。

二是积极建立民俗文化生态保护区。在民间传统文化形态保存较完整并具有特殊价值、鲜明特色的区域，分级建立民俗文化生态保护区。培育一批传统节俗旅游经典景区，依托全省的特色风俗，借助现行的"2天长假与5天小长假"的法定节假日体系，突出节假日的文化主题，把自然山水的观赏、民俗风情的体验、季节性的风景皆融入节日风俗旅游之中，形成各具特色的节庆旅游区块。

三是完善传统节日保护和传承的咨询机制。民俗学者由于从事民俗文化的研究，有着长期的学术积累，并具有超前的眼光，因而应当在保护与建设民俗文化中充分发挥好参谋和智囊的作用。民俗学者应加强有关理论与实践问题的学术研究，能够对民俗文化的现状、存在的问题、保护与建设的意义及未来的发展趋势做出阐述。学者可以通过研究课题、民俗调查、学术讨论、学术论文与专著等形式，在推动民俗学科自身发展的同时，引起政府、普通民众等社会各界的关注。

第三节　新媒体环境下传统节日文化的传承发展

我国传统节日要想重新焕发生机，根本在于唤醒大众认识和理解传统节日文化的自觉意识和文化认同，从传统节日"失忆症"中清醒过来。肩负这一历史使命的首先是媒体，然而，当前媒体并没有充分发挥自己在普及传统节日文化知识、树立正确过节观念方面应有的作用。因此，当前一个重要的工作就是，新媒体要提高对传统节日文化传播与推介的自觉意识，应该充分营造有利于节日文化传播的"拟态环境"，充分发挥其在传播中国传统节日文化方面的功能。

一、新媒体环境下传承传统节日文化的意义

（一）重拾传统节日的文化内涵

中国传统节日蕴含着深厚的文化内涵，节日习俗源远流长、博大精深，在历史的流传过程中，形成了它们极具民族特色的性质。中国传统节日是中国民俗文化的集中体现，伴随着漫长的历史而产生和发展，打上了深刻的时代烙印。每一个传统节日都积淀了丰富的文化背景，无论是祭祀、宗教活动还是各种各样的庆典活动，都涵盖了中华民族人文、道德、文学、艺术等传统文化的各层面，它是值得我们尊敬并学习的文化瑰宝。

在现代社会，传统节日文化的传承和弘扬需要载体的支撑。在传统社会里，传统节日及其仪式和活动，是节日文化的重要载体。在现代社会，没有了仪式，节日难以传承。节日文化是时代精神的聚焦，在大众传媒时代，媒体用大众传播的形式重构了节日仪式，再现节日习俗的精髓。网络作为大众传媒中的主力军，向大众传播传统节日文化，再现民族传统节日仪式，勾起大众对传统节日的文化记忆，加深大众对传统节日文化的认知。同时，网络传播倡导新的节日习俗，使节日习俗与时俱进。大众在接受传播的过程中，思考自己选择什么样的方式来度过一个个内涵丰富的传统节日。

（二）新媒体较之传统媒介传播效果更直接

相对于传统媒介的灌输性和单向性，网络传播形态更符合人们节日期间的媒介使用习惯和心理需求。节日文化的网络传播因具有人际传播、群体传播与

大众传播相结合的传播形态而获得传统媒介所无法比拟的传播效果。人际传播、群体传播作为双向传播方式，体现的是信息的交流和互动，这些传播方式更容易认识自我，与他人建立密切的联系，从而得到及时的反馈信息，同时在此过程中获得良好的传播效果。出于互动、人际交往或者主观了解的节日文化认知和传播，更容易形成一个良性的传播认知循环。

由于网络中传统节日文化的传播多出于自愿和爱好，因此与大众传播的官方模式相比，网络传播的内容也就更加深刻和细化。而接受者和传播者形成一对一或一对多的交流，这样的人际传播或群体传播更容易被人们所接受，使人们从内心产生对传统节日文化的深切认同感。这种认同感，更容易上升为对传统节日文化的热爱，从而激发自己的民族自豪感。

二、传统节日文化新媒体传播的发展对策

（一）政府重视和媒体自觉

1.加强政府网站对传统节日文化的传播

传统节日文化的日渐式微与政府对传统节日文化的忽视宣传、缺乏变革不无关系。如果忽视对节日内涵的传播，那么节日只会一味地流于形式。政府必须加强对传统节日文化的保护与创新，发掘其文化内涵，增加节日的文化含量，增强人们对传统节日文化的认同感，唤醒民族文化自觉的意识。政府可以对进行中国传统节日文化网络传播的个人或者企业和机构提供资金、政策以及相关内容资料等方面的扶持，设立一定的奖励机制，鼓励那些出色的传播者，从而吸引越来越多的个人和组织加入传播者的队伍中。

此外，政府应充分发挥政府网站对传统节日文化传播的作用。政府网站是指由国家或者地方政府所有，具有统一入口，并连接各级各部门政府网站，在线向广大公众、企业和政府工作人员提供政府信息与服务的具有引导性的网站。随着互联网的普及，我国从中央、各部委到各省、市、县都设立了自己独立的政府门户网站。政府门户网站的职能表现在两个方面：一方面，它是电子政务的重要载体和实现形式，对政府在公众中树立良好形象，不断完善自身的社会服务和管理功能起到了重要作用。另一方面，它还是展示城市形象的重要平台，政府可以充分利用这个平台，设立一些固定栏目来介绍本地方的历史文化、传统节日的民俗活动等，既展现了当地的文化特色，又对传统节日文化的传播产生积极的推动作用。

2. 媒体应提升传统节日文化网络传播的责任感

费孝通先生在晚年非常热衷的一个概念就是"文化自觉"。按照费孝通先生的解释，文化自觉是指生活在一定文化中的人对其文化有"自知之明"，明白它的来历、形成过程、所具有的特色和它的发展趋向。只有充分认识自己的文化，理解所接触到的多种文化，才有条件更好地发展，才有条件在这个正在形成的多元文化世界里找到自己的位置，并且和其他文化一起，共同建立一个多种文化和平共处、各抒所长、共同发展的世界。

文化自觉的概念对于我们认识自己民族历史和传统文化有着很强的指导意义。传统节日文化要想复兴传承，其根本还在于唤醒人们了解和认识节日文化的认同感和自觉意识。对此，媒体肩负着重要的责任。早在 2005 年，中共中央宣传部、中央文明办等五部门就联合发出了《关于运用传统节日弘扬民族文化的优秀传统的意见》（以下简称《意见》）。《意见》中指出："要充分发挥新闻媒体对宣传民族传统节日的导向作用，切实加强对民族传统节日的舆论宣传。"媒体必须充分发挥自己在普及传统节日文化及培养正确过节观念方面的积极作用，利用传媒"议程设置"功能，营造有利于传统节日文化传播的"拟态环境"，为保护与传承传统节日文化做出贡献。

媒体在宣扬传统节日文化的同时，也有利于提高自身的品位，达到一种双赢的效果。如今，不少媒体低俗、媚俗、庸俗的问题比较突出，过分追求娱乐、追求明星、追求隐私，缺少文化品位。从短期来看，这样做虽然迎合了少数人的低级趣味，但难以长久立足。反观一些媒体的做法，却取得了很好的效果。例如，近年来，每逢传统佳节，中央电视台都要推出《我们的节日·清明——中华长歌行》特别节目、《我们的节日·端午——中华长歌行》特别节目，中国文明网推出《我们的节日·中秋》大型专题，开设《风物·民俗》专栏，介绍与节日有关的文化和民俗，受到群众的广泛好评，收视率和点击率不断提高。

（二）专业网站要扩大传统节日文化网络传播的影响力

1. 内容上有特色

对文化遗产的继承涉及保护和发展创新两个方面。过于强调对文化原封不动的保护将造成故步自封的局面；而过分注重发展创新又将导致割裂历史，甚至迷失自我。因此，应该以对文化遗产的原生态的保护为基础和根本原则，然后追求其与时俱进的融入性建设，使其融入新的传播时代。传统节日文化的网络传播也应该以此为指导原则。目前，许多传统节日文化传播的网站内容千篇一律，有些网站的类别设置甚至雷同。这说明许多传播者只是简单地从其他网站将相关内容复制到自己的网站上，缺乏将其与新的传播时代相融合的创造性劳动，长期如此，网站会缺乏自身特色，传统节日文化的传播效果也会欠佳。因此，各专业网站要努力寻找自身擅长的方面，形成自己的特色。

2. 多种媒介手段相结合

内容是传播过程中所传达的信息，形式是指承载信息的符号。世界著名的媒体文化研究者和批评家尼尔·波兹曼曾说："某个文化中交流的媒介对这个文化精神中心和物质中心的形成有决定性影响。"由此可见，形式会对内容的传播产生重大的影响。互联网具有超强的容纳力和集成性，它将众多媒介形式集合在一起，形成一种多媒体化的媒介平台，网民也越来越偏好于信息的多样化呈现方式，单一符号媒介的信息往往让他们觉得枯燥和乏味。传统节日文化网络传播要跟上时代的潮流，要考虑网民的接受习惯，综合运用文字、图片、声音、视频等多种符号媒介，而不是局限于文字形式。对传统节日起源及文化内涵的传播就可以多采取纪录片等视频的形式，这比纯粹的文字论述更容易接受。此外，要充分利用网络的多种传播渠道，尽可能多地利用现有的各种网络传播形式，满足不同网民的需求，扩大传播的覆盖范围，将"点对点"与"点对面"相结合，综合运用大众传播、组织传播、人际传播等多种传播方式。例如，可以通过微博加强传播者与网民的交流，并且与相关网站、论坛和博客结合，举办一些线上活动，来提升影响力。

（三）提升传统节日文化网络传播的规模效应

1. 加强专业网站的宣传和推广

网络的无限容量、开放性和信息的易复制性，导致了信息的泛滥和雷同。如何使自己的内容从信息的海洋和众多雷同的内容中脱颖而出？加强宣传和推广是一个重要的环节。美国学者迈克尔·戈德海伯曾提出"注意力经济"的概念，他指出，在网络时代，信息并不稀缺，而是过剩，注意力才是稀缺资源；有价值的并不是信息，而是受众的注意力。注意力是指人们关注一个主题、一个事件、一种行为和多种信息的持久程度，一个人的注意力往往是有限的和稀缺的。在网络世界，网民的注意力就是点击率，就是关注度。吸引网民的注意力是实现传播目的的基础，无人关注的网站只能称得上堆满信息的页面。网络世界已经彻底颠覆了以往"酒香不怕巷子深"的理念，再好的内容，如果不加以宣传，也可能被泛滥的其他信息淹没。因此，传统节日文化网络传播者要加强专业网站的宣传和推广，抢夺网民有限的注意力。其中，可以参考的方式有四种：一是与百度、谷歌等主流搜索引擎合作，提高网站的搜索排名，提升网站被网民搜索到的概率；二是在新浪、搜狐等热门门户网站上建立广告链接，尽可能多地与其他网站和同类网站建立交换链接；三是通过电视、报纸、杂志等传统媒体以及宣传网站进行宣传和推广；四是在条件允许的情况下，可以将网上的宣传拓展到线下，定期或不定期地举办一些传统节日文化宣传活动，从而吸引受众进行参与，增进对网站的了解。

2. 利用"文化圈层"提升规模效应

"文化圈层"简单来理解就是同类文化聚集在一起而形成的一个文化集群。例如，网络上有许多不同类型的博客群，如文学博客群、音乐博客群等，博客群将相同类型的单个博客聚集在一起，形成了一种聚合力。搜狐网的"IT博客群"就将众多IT界人士以及相关专家学者的个人博客聚集到一起，并对个人博客上的相关文章进行分类聚合，而且还设立了如"通信六剑客"之类的个人博客排行榜，既整合了资源，也提升了个人博客的知名度。

中国传统节日文化是中国传统文化的重要组成部分，与服饰文化、饮食文化、戏曲文化、语言文化等都相互关联，在传播传统节日文化的过程中，可以充分借鉴"文化圈层"的理论，将传统节日文化的网络传播与其他相关的传统文化的网络传播相联合，共同形成一个"文化圈层"，以提升资源的整合利用，产生规模效应。

（四）加强新媒体和传统媒体的议程互动和媒介融合

在现代传媒环境中，电视、网络、手机都是人们普遍使用的信息资源。传播手段的多元化，将改变传统媒体所固有的那种传播形态，各种媒体之间的那种开放的竞争局面，使它们之间的交叉传播和相互整合显得更为活跃，各种新的传播形态也将随之产生。这种多元化的、多形态的传播，将成为现代传媒环境的一种显著的特征。

如何借助网络媒体传播，实现中国传统节日文化与现代文化以及中西方文化差异在冲突、碰撞中实现融合的过程，对传统节日文化的可持续发展具有积极的意义。传统节日味道的变淡有其客观的原因，现代社会科技发展日新月异，通信技术和交通水平也日益发达，人们并不需要每年一度的传统节日来阖家团聚或表达思念。社会的进步某些时候反而会造成传承的退步，因此我们必须重新思考，找寻新的理由和方式来展示传统节日的内在魅力。

　　近年来，网络媒体的迅速发展使传统媒体不得不直面尴尬与挑战，传统主流媒体甚至常常跟随网络的议程参与到相关议题的讨论过程中。传统媒体面对网络的发展势头，推出了种种新举措来接受挑战抑或寻求合作。例如，开办传统媒体的官方网站、创办网络电视等。加强网络媒体与传统媒体的议程互动和媒介融合，广辟传播渠道，整合多种资源，也是传统节日网络传播未来发展的必经之路。

　　网络作为一种新媒体，集合了门户网站、个人博客、论坛等信息来源，在当前的媒介环境中发挥着越来越重要的作用。与之相呼应，在许多新闻事件上，传统媒体与网络良性互动开始成为一种常态。网络与传统媒体相互援引报道、互相利用对方资源，实现信息资源的共享。资源在网络与传统媒体间的自由流动和嬗变，可加强两者的沟通，实现利益的双赢。因此需要将传统媒体的权威性、深刻性与网络媒体的即时性、互动性相结合，满足现代人的参与需求，吸引更多的受众参与到传统文化的传播中。让传统媒体与网络媒体之间进行良性互动，互相利用对方资源，实现传播效果的最大化。

　　随着手机作为"第五媒体"的迅速普及，手机短信息的传播成为人们各大节日期间最青睐的一种问候方式。每逢节假日，铺天盖地的短信飞往每一个人的手机中，节日短信不仅是祝福的送出，还是情感的输出。手机媒介为大众提供的不仅是信息，还是传播媒体无法比拟的快捷。它可以不受时间和地点的限制，实现点对点或面对面的信息沟通。节日期间是人们的传播行为最丰富、频繁的时候。手机短信祝福作为一种新兴的传播方式，与报刊、电视等传统媒体的单向传播相比，包含着更为丰富的传播内容，发挥着重要而特殊的传播功用。它以新媒体的形式作为一种大众媒介而存在，既涉及内向传播，也涉及人际传播、群体传播。

　　节日期间，人们总会引发无限感概，有意识地对过去一段时间的得失进行总结，对未来的新生活给予美好期望并进行一定的计划设想。这个时候，个人的内向传播机制得以高度调动。发出的信息不仅承载着对他人的祝福，还承载着对自己的祝福和寄望。信息编写的过程，就是一个自我祝福和期望的过程。由于在节日这个特殊时刻，个人的内向传播比平日更具深刻性、系统性、普遍性，并伴有较为浓烈的情感活动。

　　近年来，春晚观看模式从电视走向网络和手机，是三种媒介颇有价值的探索与尝试。目前，观众除了能以传统方式欣赏高清晰画质的电视春晚，还可以在网络上在线观看、随意点播，甚至手机用户可以通过手机收看春晚。"首届北京电视台网络互动春节联欢晚会"与其他大大小小的网络春晚相比，是第一台由知名主流官方电视媒体举办的网络春晚，也是第一台由三大媒介——电视、网络、手机联手打造的春晚。这台网络春晚融合了电视、网络、手机三种媒介的特性，充分发挥了北京电视台的权威性和影响力、网络的互动性和包容性以及手机的便捷性。它不仅打造了一台风格独特的网络互动春晚，还把电视春晚的节目进行实时的网络直播，并提供网络用户和 3G 手机用户的点播、搜索、下载及互动评论等服务。

（五）尊重受众的存在，促进传统节日文化的现代传承

受众是传媒环境下研究传统节日文化的关键，是文化传播的最终对象。研究受众日常生活中的媒介使用行为，考虑受众的喜好和需求，是网络媒体今后传播传统节日文化的方向和契机。

在经济与科技日益高速发展的今天，广大受众也在研究传媒。传媒要牢牢把握受众的心理及传媒使用习惯，让受众在接受传播内容的同时，也充分展示其作为主体的自主性和能动性。新媒介环境下的受众被赋予了更多的自由，他们拥有无限丰富的选择，也表现出了更高的积极性。网络的介入，媒介影像无所不在，它与受众的日常生活紧密地交织在了一起，不可分割。受众可以突破时空的限制，相互联系。他们通过自我的展演来与群体中的其他个体建立认同，分享彼此共同的爱好。

随着改革开放进程的推进，经济全球化风潮吹入中国，西方消费主义文化和资本主义价值观不断深入中国社会，无论是普通大众还是社会精英，都不可避免地卷入了这场风潮中，价值观和生活方式都无时无刻不在受其影响。传统节日的文化意义被忽视和抛弃，节日只剩下吃喝玩乐的消费主义外壳，这种现象的背后是中国人对传统文化身份认同意识的淡漠和对西方文化价值理念的盲目跟从。

当代社会处于全面变革的进程中，传统节日在现代社会生活中的实际辅助意义正在消退，传统节日的影响减弱是可以理解的。但是，传统节日的变化只能是形式上的，或者是程度上的，因为人们追求闲适生活和精神需求的本性是不会改变的。人们对待传统节日，不仅是一种文化上的欣赏，还将其当作生活紧紧依附的精神依靠和空间。

传统节日文化在网络时代有了前所未有的机遇。网络为传统节日提供了新的生存空间，开辟了一个新的表现舞台，给传统节日文化的传播和发展提供了新的渠道和手段。传统节日文化的网络传播较之于传统媒体，有着更强的互动性和趣味性，网络的海量信息和自由性为受众尤其是年轻受众所接受，为传统

节日文化提供更大的便利，同时网络的及时性使网络可以随时随地根据受众的需要将节日迅速地推到受众面前。对青少年来说，将传统节日文化生活化、通俗化，运用生动的节日传说和故事将传统节日文化的内涵娓娓道来，更能深入人心。

传统节日是历史的、不断变化的，它本身所附带的仪式和蕴含的文化内涵都在随着历史的推进和人们的社会实践活动不断变化、发展着。因此，我们既要继承传统节日文化中优秀的文化底蕴，也要不断进行创新，使传统节日在新的社会环境中具有现代气息，焕发新的生命力。受众在生活实践中时时刻刻都会受到传统文化的熏陶，只要媒体能以恰当的方式将传统文化展现给受众，受众很容易建构起对传统文化的共鸣和认同。因此，网络传播必须结合受众的特点，有针对性地制定传统节日文化的网络传播策略。

传统节日是人们在历史沉浮的过程中随着社会实践逐渐创造出来的，其中蕴含的国家观念、民族观念和家庭观念都是中国传统文化的核心价值观念，是中国人共同的精神象征和文化象征。传统节日文化作为一种民俗文化，是广大普通百姓的文化，如果得不到受众的关注与参与，传统节日文化的传播就会滞后。网络则属于大众文化的领地，因此，如果将节日文化的内容通俗化，将传统习俗故事化，用通俗的语言来传播学术性的文化内容，把传统节日文化的思想精髓用受众喜闻乐见的形式表现出来，就会真正得到受众的认可与接受。

在都市化的社会生活中，面对市场经济的激烈竞争，现代人常处于紧张和有压力的状态，因而他们会条件反射性地抗拒空洞的理论和说教。受众接触媒介，更多的是渴望从媒体中获取有用的信息和宣泄情绪的渠道。网络媒体要充分利用其传播特性和优势，注重传播内容上的全面性和传播手段上的多样性，来迎合受众的心理需求和媒体使用习惯。在传播方式上要不断创新，创造受众喜闻乐见的传播内容和形式，满足受众的心理取向和新鲜感。让人们在节日的氛围中尽情地将情感宣泄，将身心放松，把节日打造成一个个令人们快乐的凝聚点。

对网络媒体来说，网络传播力量应该运用更多的网络传播手段来实现更为广泛的双向传播。网络社区在传播传统节日文化的过程中发挥了重要的力量，随着信息传播技术的更新加速，网络即时通信工具、贴吧、博客、播客等应用广泛的新媒体如雨后春笋般出现，它们将现代性与传统文化紧密结合，把年轻人喜欢的时髦因素融入传统文化的传播过程中，从而能够获得更为广泛的受众范围，双向传播的过程也变得更加现代和便捷。

第四节　中国传统节日文化的艺术化传播

传统节日文化是中国传统文化的有机组成部分，在漫长的文化发展进程中，传统节日的文化符码不断明晰，文化特点日趋多样，文化内涵日益丰富，成为当代中国文化重要的标志性存在。其所具有的强大的文化传承价值使之成为对接现代文化的桥梁，以及提升公民道德素质的重要手段。对传统节日文化的探究也日益成为人们关注的焦点。如今，节日文化的传播已经不再满足于内容与形式上的承袭和再现，而更加倾向于多元的、立体的、艺术化的传播。

一、相关概念介绍

（一）艺术传播与传播艺术

1. 艺术传播

关于"艺术传播"的概念，普遍认为是对艺术生产的结果以及艺术行为和艺术作品的传播活动。艺术作为传播的客体，是将艺术作品与传播活动相结合，以达到艺术作品价值的过程。湖南商学院中国语言文学学院教授曾耀农曾对艺术传播这个概念定义如下："艺术传播是指将艺术家创作的艺术作品转移到接受者脑中的过程。在这里，艺术并不是一种传播手段，而是传播活动中的信息。"此外，曾耀农还提出了这样的见解："从艺术与传播的特征可以看出，艺术创造是审美对象化的过程，它通过传播媒介，满足受众主体的特定需求，实现其中蕴含的潜在价值。"学者李龙生认为："艺术传播是一种艺术的交流互动活动，而这并不是简单地让艺术作品流向受众，而是一个不断变换、交流、理解的社会过程。"

由此可见，对艺术传播的概念理解，相对比较统一，多是将其作为动宾结构，即将艺术进行传播的过程。但同时也存在将艺术特定为影视艺术而作为传播手段的概念界定。

2. 传播艺术

关于"传播艺术"的概念，大部分学术专著中倾向于将其理解为传播过程中的艺术表达方法。作为传播的一种手段，传播艺术是传播过程中艺术化的表现方式、艺术化的表达手段。例如，北京电影学院副校长胡智锋认为："传播主体为达到预定目标，对特定传播内容所进行的艺术化的'创作型处理'，即无论是生产过程，还是传播过程，都需要进行富于艺术特色的处理。"在这里，电视便成了传播的手段。对传播内容进行创造性处理的方式之同时，胡智锋还指出："在一切生活领域对传播行为进行艺术化处理，或者进行艺术的传播活动，都可称为'传播艺术'。"苏州大学教育学院副教授黄启兵曾经提出："艺术在传播艺术的概念中，并不是指某一种艺术门类，更倾向于对传播的艺术化处理。"

3. 二者的关系

在今天的研究中，艺术传播与传播艺术既有区别又有联系，绝不能割裂来看。其中，二者的区别主要表现在以下几个方面：首先，主体不同。艺术传播的主体在于艺术，是艺术作品的传播；而传播艺术的主体在于传播，是传播过程的艺术。其次，范围不同。艺术传播的范围主要是指艺术作品的传播；而传播艺术的范围相对于艺术传播来说，则要更广泛。艺术传播是对传播范围的限定，隶属于传播领域，艺术传播的组成要素更专业、更特殊。

（二）艺术化传播

艺术化传播是本节的关键词，通过对已有学术专著中艺术传播的概念进行梳理，同时在对比总结二者区别和联系的基础上，为本节提供一个基本视角。目前，学界对艺术化传播概念界定的主要观点有以下几种。有学者认为："艺术化传播为形式上的艺术化，'艺术化'是增强传播内容可视性、提升传播效果的重要手段。"也有学者认为："在传播活动中，直接促成信息转变为艺术的方式主要有两种，一种是借助电视传播的技术手段，通过电视的造型功能，强化和渲染现场气氛，这是形式上的艺术化，也就是'传播的艺术'；另一种是传播客体中存在的艺术性元素加以发掘和传播，这是内容上的艺术化，也就是'艺术的传播'。"

根据对相关概念的梳理和总结我们可以得出，艺术化传播就是"传播主体为了达到预定目标，在生产传播全过程中，对特定传播内容进行富于艺术化的处理"。艺术化传播，既是形式上的艺术化——传播的艺术，又是内容上的艺术化——艺术的传播。

通过对艺术化传播的概念进行界定可以得知，艺术化传播的范围是比较广泛的，在今天的中国传统节日文化传播过程中，艺术化手法已被广泛应用，并形成了比较清晰的趋向；同时艺术化传播的效果也逐渐显现，因此运用艺术化的传播手段已成为当今节日文化传播过程中的必备策略。但是由于理论研究的不足也使节日文化艺术化传播的困难层出不穷。因此，本节对中国传统节日文化的艺术化传播系统进行梳理和研究，以期在日后的节日文化传播中起到一定的借鉴意义。

二、中国传统节日文化艺术化传播的优势

不同于以往的传播方式，传统节日文化的艺术化传播是指传播主体为了达到更好的传播效果，在传播节日文化的过程中，对其进行富于艺术化的处理。相较于以往的传播方式，节日文化的艺术化传播具有以下几个优点。

（一）表现形式多样化

艺术化传播在进行节日文化的传播中可以通过丰富多彩的艺术表现形式，为人们传达节日文化的习俗及内涵。相较于其他传播方式，艺术化的传播手段则能运用更多的艺术形式和表现方法，以加深人们对节日文化的理解。

（二）传播内容形象化

和以往传播方式不同的是，艺术化的传播方式可以通过具体可感知的艺术形象来进行节日文化的传播，用寓教于乐来代替传统说教，使人们对传统节日文化更感兴趣。

（三）接受方式立体化

在艺术走进百姓生活的今天，人们生活的方方面面都有艺术的影子，人们的日常生活更加艺术化，而艺术对人们的影响则是全方位、立体化的。所以，通过艺术化的方式进行节日文化的传播，能起到更好的传播效果。

三、传统节日文化艺术化传播的形式与特征

从艺术形态来看，传统节日文化艺术化传播的主要类型可以分为造型类、表演类和口承类三种。通过对这三种类型的艺术传播手段及其相应艺术作品的分析并加以归纳和总结可以发现，艺术化传播的方式有着与其他传播方式不同的形式与特征，具体表现在以下几个方面。

（一）节日文化艺术化传播的形式

节日文化的艺术化传播离不开相应的艺术作品，在对与节日文化相关的各种门类的艺术作品进行整理的过程中发现，节日文化的艺术化传播具有以下两种形式。

1. 艺术作品作为节日节庆的表现形式

在我国的节日习俗中，艺术作品是烘托节日氛围、传递节日文化的重要手段，每逢重大节日，我们都能看到各种各样的艺术形式与艺术作品，它们是节日习俗的重要组成部分。例如，在春节期间百姓家里张贴的窗花和年画，不仅烘托了喜庆的节日气氛，还集装饰性、欣赏性和实用性于一体。年画和窗花都是我国传统的造型类民俗艺术，它由百姓自己创作和享用，并在民间广泛流传，无论是年画还是窗花，都以其特有的概括和夸张手法将吉事祥物、美好愿望表现得淋漓尽致，将节日装点得红火富丽。

在塑作类艺术作品中，无论是泥塑还是面塑，都在节日习俗中有着重要的作用。例如，北京人有八月十五玩"兔儿爷"（图4-4-1）的习俗。中秋节，人们按照月宫里有嫦娥玉兔的说法，把玉兔进一步艺术化、人格化，乃至神化之后，用泥巴塑造成各种不同形式的"兔儿爷"。它起源于古老的月亮崇拜，明清以来，月宫玉兔逐渐从月亮崇拜的附属物中分离出来，在祭月仪式中形成了独立的形象，并逐渐丰富起来。"兔儿爷"兼具神圣和世俗的品性，集祭祀和游乐的功能于一体，如今"兔儿爷"已经成为具有代表性的北京非物质文化遗产之一。除了中秋把玩"兔儿爷"，还有七夕供奉"磨喝乐"（图4-4-2）等习俗，都体现了泥塑在人们的生活中传播节日文化的作用。

图4-4-1　兔儿爷

图 4-4-2　磨喝乐

　　除泥塑外，面塑（面花）（图 4-4-3）也是人们在节日习俗中必不可少的一部分，面塑是由北方小麦主产区的人们用面粉捏制出来的民间艺术品，在以往的农耕社会，每逢年节，人们没什么物品相送，就把小麦磨成面粉，蒸成寿桃、鲤鱼等面花送给亲戚朋友，图个吉利。这样久而久之形成了一种风俗习惯，加之面花相比馒头等口感较好，就逐渐被人们接受了，形成了独特的饮食文化。

图 4-4-3　面塑

　　在节日庆典中必不可少的艺术表现形式当属表演类民俗艺术，它依存于一定的节日文化氛围中，并以动态的展演为存在的特征。其艺术的核心是艺人、情境、语言和动作，它以口头语言结合音乐、舞蹈，用视觉化的方式把动态的过程呈现出来，其主要表现形式有戏曲、曲艺、舞蹈等。在节日节庆中，人们口耳相传的一些神话传说、骈文韵文都是将艺术作品作为节日节庆的表现形式的，如春节的"老鼠嫁女""荷花生龙"，二月二的"东海小龙""金豆开花"等传说以及七夕节的"牛郎织女"，中秋节"嫦娥奔月"等民间故事，都是节日文化艺术化传播的有效形式。

2. 节日文化作为艺术作品的重要表现内容

艺术作品除了作为节日节庆的表现形式，有些艺术作品中所包含的节日文化元素还起到纪录节日习俗、传播节日文化的作用，而带有节日元素的艺术作品也是节日文化艺术化传播的有效形式。例如面花，它除了在节日节庆中能够增强节日氛围、纳吉增福外，面花的传统纹式，如"吉庆有余（鱼）""吉（鸡）祥如意""八宝""蝙蝠"等都体现出了人们在节日中对平安吉祥的追求。我国的年画艺术，画面的线条单纯、色彩鲜明、气氛热烈愉快，如《岁朝图》《戏婴图》《合家欢》《看花灯》《胖娃娃》（图4-4-4）等；也有以神仙、历史故事、戏剧人物为题材的，其艺术风格与节日文化的完美结合，表达了民众的审美取向和文化祈求。这是中国社会的历史、生活、信仰和风俗的反映。它不仅是年节的点缀，还是文化流通、审美传播、信仰传承的载体与工具。

图 4-4-4　《胖娃娃》

在众多艺术作品种类中，还有一种艺术作品包含大量的节日元素，那就是"民间口承文学"，它是由人民群众集体创作、经长期口耳相传的，以反映民间生产生活、社会活动为主要内容的语言创作，包括神话、传说、故事、歌谣等类别。包含节日元素的"民间口承文学"的例子不胜枚举，如我们最熟知的"熬年守岁"的传说，以及每年冬至吟唱的"九九歌"等，这些艺术形式或作品通过艺术的表现方式将我国传统节日的习俗和文化向人们展示出来，从而达到更好的传播作用。

（二）传统节日文化艺术化传播的特征

节日文化的艺术化传播不同于以往的传播方式，它是指传播主体为了达到更好的传播效果，在传播节日文化的过程中，对其进行富于艺术化的处理，其主要特征表现在以下几个方面。

1. 形象性

艺术化传播的形象性是指节日文化在传播的过程中通过一些具体可感的艺术形象，使人们对节日文化的习俗、内涵有着直观的认识与理解。艺术化传播能直接作用于欣赏者的感官，能够感动人、影响人，并且由于这种形式具有生动鲜明的特点，更能体现出深刻的思想内容。例如，春节张贴的年画、窗花，七夕节供奉的"磨喝乐"，中秋节把玩的"兔儿爷"等，都是通过一系列的艺术形象来起到烘托节日氛围和传播文化内涵的作用的。

岁末除夕在我国民间有贴年画的新年风俗。旧时年画的题材多为戏曲场景小说人物、寓言故事、吉祥图案、美女图、婴戏图等，其中，有一幅木版年画——《老鼠嫁女》（图4-4-5）因构思精巧、画面生动、寓意幽深、情趣盎然而引人入胜。《老鼠嫁女》图在民间是除夕贴用的，而除夕是旧年的最后一天，除夕的子时则是旧岁与新年的交接点，故有"更岁交子"之说。我们知道，鼠配的地支是"子"，而老鼠迎亲队列迎的是鼠新娘，也就是说，这花轿中的"新鼠"就是"新子"。由于"新子"是新年的第一个时辰，所以，迎"新子"，就是迎"新年"。这样，《老鼠嫁女》图就是辞旧迎新图，也就是迎春。显然，《老鼠嫁女》图的功能不仅是用以装饰居室和表达消灭老鼠的愿望，还在于迎春接阳。它以象征的图像悄然发挥着认识时令的作用，并将人们引向对春节文化的深层思考。

图4-4-5　木版年画《老鼠嫁女》

2. 记录性

艺术化传播的记录性是指在节日文化的传播过程中通过一些可以流传的艺术作品对节日文化的记录与描写，从而实现对节日文化的继承与发展。例如，我们耳熟能详的一些古诗句："爆竹声中一岁除，春风送暖入屠苏"，"清明时节雨纷纷，路上行人欲断魂"，"天阶夜色凉如水，坐看牵牛织女星"，"遥知兄弟登高处，遍插茱萸少一人"。通过这些诗句，我们在欣赏古诗词优美节律的同时，也能体会到古时的人们在节日期间的风俗习惯。除此之外，一些民间小调和歌谣也记录着传统节日文化的习俗特征。例如江浙地带孩童在元宵节吟唱的《点田蚕》《放田财》等歌谣，它们虽然没有在歌谣内容中带有明确的节日元素，但是却在提醒人们要及时注意农事耕作，过完元宵节就该投入生产。所以，这类民间歌谣不但是节日文化的重要组成部分，而且可以让人们认识到古人对节日节令的重视，从而在当今的社会生活中更好地对传统节日文化进行继承与发展。

3. 通俗性

艺术化传播的通俗性是指在节日文化的传播过程中，通过一些通俗的艺术作品来加深人们对节日文化的习俗与内涵的认识和了解。例如，每年冬至时百姓吟唱的"九九歌"：一九二九不出手，三九四九冰上走，五九六九沿河看柳，七九河开，八九雁来，九九加一九，耕牛遍地走。九九歌也叫九九词，全称是"九九消寒歌"。按照我国传统的历法计算，从冬至次日开始数起，每九天为一个时段，这个时段便是与夏季的"伏"相对的"九"，共有九个时段，第一个九天叫一九，其后依次称为二九……九九，合称"九九"，这九九八十一天过后，天气回暖，大地回春。在这较冷的"最难将息"时节，人们以九数之，屈指度日，因此叫"数九"；这一时段的天气也相应地称"数九天"。由此可见，通过吟唱"九九歌"，人们对天气寒暖、物候节气有了更好的观察，从而能够安排自己的耕作时间，也对冬季的节令、节气有了进一步的理解。

四、传统节日文化艺术化传播的创新理念

我国是文化大国，但还不是文化强国。从文化大国到文化强国，一字之差，中间却不止一步之遥。在开创中华民族美好未来的历史进程中，面对新形势、新任务、新要求，必须加强文化发展战略研究，统筹考虑文化建设中事关全局的重大问题，科学确定新时期我国文化建设的总体目标和基本战略。要实现文化强国这个战略目标，传统节日传播理念的创新是首要任务，而艺术化的传播

方式则能够在推动传统节日文化传播理念创新发展的过程中产生一定的促进作用。

（一）对凝聚中国传统节日文化的"和"文化理念的创新

传统节日蕴藏着中华民族传统文化的深厚底蕴，它既是民众知识、智慧、技能与习俗的重要载体，也是构建和谐的人际关系、增强民族认同感和社会凝聚力的重要渠道。在漫长的中华文明发展史中，传统节日融合了中华民族传统文化的精华，历经数千年不断传承。著名民俗学家乌丙安在《论当代中国民俗文化的剧变》中曾经说过："融合新旧传统文化的巨大适应能力……主动接受新文化，把对传统文化的重整再造和快速适应变迁作为最佳的求民族生存的文化策略。"他还认为，要认识并发挥传统节日文化的"现代化效应"，就必须首先对其传播理念进行现代性认定，对其在现代生活中的存在价值进行认定。在此基础上，对传统文化遗产做出选择，以便认定某些文化资源本身潜在的现代性价值，使其中许多节日事项不再是"古化石"或"历史残留物"，而是把过去引向未来的文化财富。简言之，在新的时代我们需要对传统节日的文化传播理念进新的"现代性界定"。

中国传统社会追求"均衡和谐"的文化理念被华人传播到世界各地，随着中国综合国力的不断增强，国际地位迅速提高，世界越来越关注中国及其古老的文化。很多国家也开始通过中国传统节日，了解到了中国的文化和民族精神。2005年末，国务院总理温家宝在巴黎综合理工学院演讲时对中国春节的"和文化"传播理念做了深入阐述，他指出，"和"就是国与国之间的和平，人与人之间的和睦，人与自然之间的和谐。中国传统文化十分注重保护人与自然的和谐，保护生态平衡、风调雨顺、五谷丰登、国泰民安。自然界不和谐，就会灾害频发、社会动荡、国无宁日。春节正是"和"文化的最大载体，无论是从它的精神内涵还是表现形式的创新来看，都得到全世界的认同。

（二）对中国传统节日文化传播时尚化理念的创新

以往中国传统节日的定位，主要是以中老年人群和传统消费人群为主，而对年轻人和现代家庭消费变化往往重视不够，这种有失偏颇的定位不符合现今社会发展的市场要求。因为年轻人和现代家庭将越来越成为中国传统节日消费市场的主流，且这一消费群具有很强的时尚性、新奇性。为满足这一市场需要，就必须重视中国传统节日时尚化的创新。当代中国传统节日文化产业，通过艺术化传播方式的推动，可以走向一条多元化而不是单一化的发展道路，我们既不能因传统而弃时尚，也不能为时尚而轻传统。同时，时尚化中国传统节日的风格也应该是多种多样的，有的重传统格调，有的偏现代风情；有的形式奇特，有的内容新颖；有的艺术性强，有的兼顾实用。无论是过去还是将来，中国传统节日既是中国文化代代相传的历史基因，也是建构社会主义核心价值体系的重要文化资源，更是推进中华文化不断发展的无形力量。

（三）对文化消费多层次、多样性传播理念的创新

中国传统节日包含了许多民俗文化、人文观念及宗教因素，创新必须遵循文化的发展规律。同时，它又是一个产业，因而每一个中国传统节日传播理念的创新，都应该有正确的前瞻性市场定位，包括国内市场、海外市场；中老年消费群、年轻人消费群………市场不同，消费对象就会不同，对中国传统节日的种类、风格、内容、题材等的需求也是各不相同。产业化中的任何一个中国传统节日，都必须得到市场及消费者的认可，才能使文化价值和经济价值得以体现。随着国家综合实力的提升和在世界舞台上地位的提高，可以通过与那些受中国传统节日影响的国家和地区进节日文化交流的方式增进了解和友谊，让他们充分了解中国传统节日的起源和形式，增强对中国传统节日的认同感。此外，也可以有意识地通过驻外使馆和海外华人社团邀请当地政府官员和群众参加华人聚居区所举行的各种中国传统节日纪念活动，让中国传统节日活动成为中国与世界沟通的一座桥梁。

第五章　民俗文化视角下的中国传统节日法定化

中国传统节日是各种民俗活动和民间艺术集中展示的平台，这个平台荟萃了祭奠、礼仪、表演、技艺、艺术、游戏等丰富多彩的民俗文化，构成了一道亮丽的风景线。中华民族有着丰厚的民俗文化，这种文化孕育出不少底蕴深厚的民族传统节日。但我国一些重大的传统节日曾一度被排除在国家法定节假日体系外，其深远的文化价值与社会价值往往被忽视。传统节日作为维系民族情感的纽带，成为中华民族的一个文化印记与符号。在新时代，有必要加强对传统节日民俗文化功能与其社会功能联系的研究，并为传统节日的法定化提供充分的立法依据，从而提高对传统节日的保护力度。

新时期，传统文化保护政策不断出台。2006 年，春节、清明节、端午节、七夕节、中秋节、重阳节这六大节日被列入首批国家级非物质文化遗产名录；2007 年，国务院修改《全国年节及纪念日放假办法》，规定清明节、端午节、中秋节为法定节日；2010 年，中国共产党中央委员会宣传部、中国精神文明建设指导委员会办公室、中华人民共和国教育部、中华人民共和国民政部、中华人民共和国商务部、中华人民共和国文化部、中华人民共和国国家旅游局联合下发《关于深化"我们的节日"主题活动的方案》，进一步细化各项工作措施；2013 年，中国共产党中央委员会办公厅（简称中共中央办公厅）《关于培育和践行社会主义核心价值观的意见》，更加重视民族传统节日的思想熏陶和文化教育功能。

第一节 民俗文化概述

一、民俗文化的概念界定

"民俗"是指人们传承文化中最贴近身心和生活的一种文化，是民众的风俗习惯。至于"文化"，"文"与"化"同时使用，在战国末年的《易·贲卦·象传》中有："观乎天文，以察时变；观乎人文，以化成天下。"西汉以后，"文"和"化"变成了一个合在一起使用的完整的词语，如"文化不改，然后加诛"。

民俗文化是民间民众的风俗生活文化的总称，它作为人民群众创造的最古老的文化，究其根源能追溯到人类最初始的发展阶段。但民俗文化也可以说是最年轻的文化，因其依然和人民的日常生活息息相关，鲜活地存在于人民群众的口碑之中。我国的民俗文化是在这个由多民族组成的国家的广大人民生活中不断传承、创造的文化。它是一种历史文化传统，不同的民族有不同的民俗文化。中国民俗文化是人民群众社会生活的一个不可或缺的组成部分，它体现了我们国家的文化特点。

过去的学者很少将民俗当作一种文化现象来看待，似乎民俗算不上一种文化。其实，中华民族的传统文化可以分成三类：上层文化、中层文化和下层文化。下层文化就是民俗文化，它是由广大农民以及其他劳动人民所创造和传承的文化。民俗文化是民族文化的重要组成部分，内容十分丰富，其中有些还是人类文化宝库中的优秀部分。民俗文化曾在各民族长期的生活中发挥过广泛的、巨大的作用，是民族文化的基础部分，但是，民族文化的范畴要大于民俗文化，民俗文化只是民族文化的一个分支。

二、民俗文化形成的原因

民俗既然是一种文化，也和其他文化一样属于上层建筑，因此，一定社会的经济基础必定影响和决定着它的产生和发展。原始社会生产力十分低下，人们对许多自然现象以及人的生老病死无法解释，认为有一种具有灵力的超自然的东西在操纵着这些现象，于是产生了神话以及有关神的种种禁忌。神话和禁忌一旦产生，靠口碑的方式代代相传，逐渐形成一种约定俗成的民俗。封建社会，生产力有所提高，在此基础上就产生了一些与当时经济相适应的民俗。例如，以前一些地方比较流行的姑表舅婚，就是在封建社会家族为保证自己的劳动力和财产而形成的一种婚俗。

（一）在阶级社会里，政治对民俗的产生有着巨大的影响

统治阶级为了维护自己的统治，对那些不利于自己的民俗，一是以行政手段强制改变。例如，清朝统治者就以强迫的手段改变了土家族的婚俗。在清朝以前，土家族实行的是传统的古老婚俗，男女青年自由恋爱，结婚不坐轿子。清朝统治者在土家族地区实行"改土归流"政策，以行政的强迫手段，禁止自由结婚，规定婚嫁一定要明媒正娶，要坐轿子。二是通过其正统思想的影响而形成符合其统治思想的民俗。自汉代董仲舒"罢黜百家，独尊儒术"后，儒家思想便成为中国封建社会的正统思想，一些有悖儒家思想的民俗逐渐被否定，而一些符合儒家思想的民俗逐渐形成。例如，从前有的地方吃饭时男女不得同席，就是男尊女卑思想的体现。

（二）地理环境对民俗的形成也有着非常大的影响

人类的生活与自然环境是密切相关的，长期在一种环境中生活，必然会形成一些与这个环境相适应的生活习惯，有什么样的自然环境，就会形成什么样的民俗。北方寒冷的气候，使北方民族在民居、服饰等方面的习俗不同于南方的民族；"靠山吃山，靠海吃海"，生活在山区的民族与生活在海边的民族，他们在饮食及服饰上的习俗也肯定不一样。不仅如此，即使是在同一个省、同一个县，不同地方的风俗也不一样，甚至山南和山北、河东和河西也是风俗迥异。正所谓"千里不同风，百里不同俗"。

（三）宗教是民俗形成的又一个重要因素

一些民俗是由原来的宗教仪式演变而来的，如各类祭祀仪式。原始宗教中的图腾及祖先崇拜也形成了各民族一些特有的民俗事项。例如，一些少数民族每当春耕时要杀羊等牲畜祭祀自己崇拜的神，以求丰收。古代宗教对中国民俗影响最大的当属道教，很多神话、民间传说都与道教有关，而在农村，有的地方办丧事往往都要请道士设道场、做法事。此外，建民居、选墓地要看风水的风俗也源于道教。外国宗教传入中国后，对以信奉这些宗教为主的民族的民俗有着非常大的影响。佛教对藏族、傣族民俗的影响以及伊斯兰教对回族、维吾尔族民俗的影响可以说是根本性的。

三、民俗文化的分类

民俗事项纷繁复杂，从社会基础的经济活动到相应的社会关系，再到上层建筑的各种制度和意识形态，大多附有一定的民俗行为及有关的心理活动。总体来说，大致可以分为以下四个部分。

（一）物质民俗

物质民俗是指民众在创造和消费物质财富过程中所形成的模式性的民俗事项。它主要包括生产商贸民俗、衣食住行民俗、医药保健民俗等。

（二）社会民俗

社会民俗也称社会组织及制度民俗，是指人们在特定条件下所形成的社会关系的惯制，它所涉及的是从个人到家庭、家族、乡里、民族、国家乃至国际社会在结合、交往过程中使用并传承的集体行为方式，主要包括社会组织民俗（如血缘组织、地缘组织、业缘组织等）、社会制度民俗（如习惯法、人生仪礼等）、岁时节日民俗及民间娱乐习俗等。

（三）精神民俗

精神民俗是指在物质文化与制度文化基础上形成的有关意识形态方面的民俗。它是人类在认识和改造自然与社会过程中形成的心理经验，这种经验一旦成为集体的心理习惯，并表现为特定的行为方式为世代所传承，就成为精神民俗。它主要包括民间信仰、民间巫术、民间哲学伦理观念及民间艺术等。

（四）语言民俗

语言民俗是指通过口语约定俗成、集体传承的信息交流系统。它包括两大部分：民俗语言与民间文学。语言是一种文化载体，各民族、各地区都有特定的语言，即民族语言和方言，它们是广义的民俗语言。狭义的民俗语言，是指在一个民族或地区中流行的那些具有特定含义且反复出现的套语，如民间俗语、谚语、谜语、歇后语、街头流行语、黑话、酒令等。民间文学是指由人民集体创作和流传的口头文学，主要有神话、民间传说、民间故事、民间歌谣、民间说唱等形式。

社会生活是一个整体，为社会生活服务的民俗文化也有其整体性与系统性。物质民俗、社会民俗、精神民俗和语言民俗之间存在着相互关联、相互制约与促进的有机联系，它们相互影响，并随着时代的发展而发展。

三、民俗文化的特征

民俗文化作为人民大众的生活文化，和自然、人文环境息息相关。对于一个传统时代以农耕生产为主业且拥有多民族的国家，我国的民俗文化主要有以下几个特征。

（一）多样性与复合性

我国的民俗文化因受各民族文化的影响而呈现出多样性与复合性。众所周知，我国自立国开始就是一个多民族的国家，时至今天形成了 56 个民族和谐共处的局面。随着各民族之间的不断相互融合、潜移默化，不同民族的习俗都被容纳于中华文化这一整体体系当中，而且还不同程度地保留了不同民族的民俗特性，这种对立统一使我国的民俗文化得以丰富。

我国民俗文化的多样性不仅体现在不同的民族有不同的习俗，还体现在不同时期的民俗共存。例如，有华灯璀璨的城市民俗，有静谧质朴的乡村民俗，更有原始的民俗生活习惯。在我国这个广阔的地域空间中，性质有着区别的民俗文化用一种相互融合、相互影响的方式共存着，这体现了我国民俗文化存在多样性的特点。

民俗文化的多样性与复合性是密切相关的。中华文化一直是以海纳百川的形象而闻名于世的，中国民俗文化涵盖的范围也十分广泛。从古到今，各民族文化的相互融合使汉族民俗文化中融入了一部分少数民族的习俗，换言之，不存在纯粹概念上的民俗，仅仅是各民俗之间复合的时间不同而已。各少数民族也不同程度地受到了汉族民俗文化的影响。

（二）阶层性与地方性

阶层性是相对于社会民俗的纵向分布来说的，不同社会阶层的民俗文化呈现不同的特点。在我国传统社会时期，大多数人民群众的地位属于社会中下层，他们是创造和承载民俗文化的中坚力量。所以，民俗文化就主要体现了这一群人的思想认识和要求，有特别强的民间性特点。除了各社会阶层之间有明显的层位差别，同一阶层的社会内部也有着相对的民俗差异。直接创造物质财富的手工业者和农民形成的民俗具有勤俭节约、淳朴耐劳等特点。但属于社会中层的商人，在一些行业竞争与应酬中，慢慢养成了铺张浪费、好新慕异的民俗。在社会地位中，有着支配优势的上层人民，不同于社会中下层，其生活方式也是比较鲜明的，所以生活习俗也不尽相同。但是，在不同的阶层之间也有着部分意义相同的民俗。

民俗文化的地方性，是相对于民俗的区位性特点来说的。中华民族是一个有着 56 个成员的大家庭，除了文化大传统，因各民族生活环境的不同而形成了有着地方特色的文化小传统。"十里不同风，百里不同俗""百里而异习，千里而殊俗"就是传达了这个现象。综上所述，民俗文化的产生、发展、演变是于特定的地域空间下进行的，还被各种因素如大众的生活方式、居住环境及各区域的历史传统影响和制约着，所以民俗文化具有浓厚的地方特色。

（三）实用性和神秘性

就民俗现象自身的特质来说，中国民俗文化具有实用性和神秘性这两个特性。一些实用目的，人们通常是寄托于具有神秘性的民俗活动来达成的，而这些带有神秘性的事项不管如何复杂，目的都只有一个，那就是服务于人们的生活需要。

民间有大量的古老风俗习惯被传承下来，在"万物皆有灵性"的原始观念的渲染下，民俗文化皆因此而蒙上了一层神秘的色彩。特别是佛教和道教在流行和传播中对民俗生活的影响，给传统民俗蒙上了一层浓厚的神秘色彩。

我国民俗最本质的特点是实用性，民俗活动是服务于大众的生产和生活的，开展生产、繁衍后代的人民大众在对民俗的依赖中追求精神的享受。人民群众创造了民俗，民俗则是为人民群众而服务的。民俗信仰相较于一般的宗教信仰，一个最大的区别就是它具有直接功利性。中国民俗文化的实用性，不单单在心理信仰上表现得比较突出，而且很多民俗活动在人民群众的生产生活中也起着特别重要的作用。

（四）稳定性和变异性

我国的民俗文化在人们的生产生活中是被不断传承和延续的，传承的特殊性使我国的民俗文化具有相对稳定性。在基础文化中，民俗的传承和传播过程并不是完全没有变化的。反之，它会因时间和空间的变化而逐渐发生变化，具有和稳定性互相关联的变异性的特点。稳定性是我国民俗特征的突出表现之一。我国在漫漫几千年的农业社会中，一共有几十次规模巨大的王朝的更替，这并未动摇其作为农业社会的基础。因此基于农耕社会而形成的大农业民俗的传承具有相对稳定性。其稳定性体现在家庭观念的稳定、节俗传统的稳定、人生仪礼习俗的稳定。然而，中国民俗特性的稳定性也只是相对的，在研究民俗文化的稳定性的同时，更应该注重民俗文化的变异性。

变异性是中国民俗文化突出的特征之一，是与历史性和地方性相关联的，相同类型的民俗在不同的地区和不同的时代都有其各自的特征。在横向的地域分布中，民俗文化的变异性也有所体现。相同的民俗事项，由于地域不同也会有不一样的表现形态，一种是在传播过程中发生了变形，另一种是发生的基础本来就不一样。总而言之，民俗文化的变异性有三种可能：表现形式的变化、民俗性质的变异、旧俗的消亡。民俗文化的变异性给移风易俗提供了依据。通过民俗变异的规律能够做到"化民易俗"，推陈出新，提供服务于建设民族的新文化。

四、以传统节日为主要载体的民俗文化的发展现状

我国的传统节日及民俗文化是东方文化的一处独特景观和宝贵财富，它的题材广泛、内涵丰富，且流传久远，是其他艺术形式难以替代的。在新时期，以传统节日为主要载体的民俗文化的价值虽然得到重新认识，但却应对着经济、社会、文化的现代化的挑战。

一是民俗文化中国化、地方化、多样化的细节日益弱化。随着自给自足的农耕文明逐渐被现代化城市文明取代，工业化、城市化和市场化、商品化程度的日趋提高，传统的生产与生活方式发生了重大变化，传统民俗文化的存在基础和发展空间不断弱化，大量民俗文化因没有得到妥善有效的保护而遭到严重破坏甚至毁灭。随着改革开放和对外交流的深入发展，我国的文化逐渐步入世界，国家的文明形态、社会心理和价值取向也发生了重大变化，传统民俗文化越来越滞后于时代的发展。二是经济全球化带来了文化资本、文化商品的自由流动，也带来了民族文化的安全问题。世界性的民族意识迅速觉醒。人们开始以自觉的或自发的态度来寻找迷失的民族文化。于是，民族文化受到空前的重视，开始寻求对内求得团结和统一、对外要求独立和差异的这样一种适合自己民族特色的文化发展道路。民俗文化不再只是传统意义上的下层文化和地方知识，而是全社会的公民素质、民族意识、价值哲学、政府公共管理政策、多元文化选择和大学教育的构成元素，是先进的人文文化。就我国而言，在现代化的冲击下，活态民俗消逝流变严重；同时，民间文化教育上的缺失与现代时尚潮流文化对民俗的冲击，也使节日文化的内在精神品质日趋娱乐化、平庸化。如何保护、传承与发展传统节俗，丰富节日文化内涵，维系并强化民族文化认同，使其既适应经济全球化的大潮，又保持自己的独立性，显然是一个摆在我们面前不容回避的民族命题。

五、传统节日的民俗内涵

节日是民俗文化的一种表现，是一个历史文化沉积的过程。传统的节日总是和宗教、祭祀、庆典、聚会等联系在一起的。中国的春节、端午节、中秋节和外国的圣诞节、感恩节、复活节等都概莫能外，而且每个节日背后往往都有一段脍炙人口、广为流传的动人神话故事。这样的神话故事往往都有着悠远而深刻的人文背景，并与其丰富的民俗活动积淀成节日的文化内涵。

节日民俗是民俗文化的组成部分，著名民俗学家钟敬文给节日做出的定义是："岁时节日，主要是指与天时、物候的周期性转换相适应，在人们的社会

生活中约定俗成的，具有某种风俗活动内容的特定时日。不同的节日，有不同的民俗活动，且以年度为周期，循环往复，周而复始。"

节日的起源和发展是一个逐渐形成、潜移默化地完善和慢慢渗入社会生活中的过程。我国的传统节日，大多和天文、历法、数学，以及后来划分出的节气有关，是农业文明的伴生物。因此，起源于历法的节日，无论是其性质还是形式，都是主要为农业生产服务的。"节期选择本身，便是农业社会生产、生活规律的一种特殊表现形式。与春种、夏锄、秋收、冬藏的生产性节律相适应……就这样，所有节日井然有序地分布在一年四季，顺应岁时节候的变化，应和着农业生产的节奏，张弛有度、自然和谐。"

当中国农业文明发展到一定时期之后，传统节日又从性质到形式，开始与农业经济基础上的父权制家族结合在一起。于是在传统节日中除了"祈福""驱邪""庆丰"等主题，又添加了"祭祖""团圆"等"孝亲"元素，通过各种节日祭奠活动表达后辈的孝思和追念，以此不断强化和巩固人们的家族意识和血缘亲情；同时，节日中的天伦之乐、邻里亲友的礼尚往来表现得格外充分，使人们感受到强烈的亲和力和认同感，传统节日已经成为维系中国传统社会人际关系重要的情感纽带。

传统节日与丰厚的民俗积淀构成节日的文化内涵，并以节日活动和物质消费的形式表现出来。例如过年，穿新衣、吃饺子、放鞭炮、贴春联等活动不仅为了驱鬼娱神，还表达一种喜庆的节日气氛。与此同时，节日里所表达的喜庆气氛是以某种物质形式，如中秋节的月饼、端午节的粽子、元宵节的汤圆等为载体的。

因此，传统节日从远古流传至今，形式多样、内容丰富，成为广大民众生活中必不可少的组成部分，也成为人们的一种生活节奏和自我调节机制，正所谓"生活中不可无节日，节日里不可无活动"。与此同时，传统节日有着定位清晰、指向鲜明、含蕴隽永的节日文化内涵，其传达的是较直观、质朴、浓郁的人文信息和情感信息。节日文化作为民俗文化的一部分，蕴含着大量历史人文的内容，有着无尽的魅力和灵气。它是我们民族的特征，体现了一个民族的情感方式和审美方式，显现了我们民族自己独有的生活习惯和美好愿望。它与中华民族源远流长的历史一脉相承，不仅构成了中华民族深厚的文化底蕴，还承载着中华民族文化渊源的基因，是一份宝贵的精神文化遗产。

第二节　中国传统节日的法定化现状

传统节日是存续了几千年的民俗，在历史流变过程中，稳定与变异的两种力量一直共同起着作用，保持着节日的生命力。作为国家级非物质文化遗产名录之一，传统节日的保护工作正有条不紊地进行。2007 年 10 月，党的十七大报告对文化建设明确提出了"弘扬中华文化，建设中华民族共有精神家园"的任务。中华文化不仅存在于典籍中，还深深地扎根于广大民众所创造、享用和传承的生活文化——民俗文化中。

以春节、清明节、端午节、中秋节四大传统节日为代表的民族传统节日是弘扬中华传统文化、建设中华民族共有精神家园的极其重要且普遍持久的现实途径。2013 年，《国务院关于修改＜全国年节及纪念日放假办法＞的决定》中将清明、端午、中秋三个重要传统节日纳入国家假日体系，并自 2014 年 1 月 1 日开始施行。这些法定节假日调整的主因，是为了增强节日的文化影响力、尊重民间习俗、传承和弘扬传统文化。

一、中国传统节日的法定化

（一）民俗文化与传统节日的法定化

民俗是沟通民众物质生活和精神生活、联系传统与现实、反映民间社区和集体人群意愿，并主要通过人作为载体进行世代相习和传承的生生不息的文化现象。传统节日作为一个国家的年节体系，因其显著的民族性、集体性、传承性与稳定性而被视为民俗文化的重要组成部分。民俗文化又通过传统节日这一形式不断传承，其中部分传统节日经由国家立法的方式被固定下来，在传统节日与民俗文化之间加入了"法定化"这一因素。基于民俗文化的视角分析我国传统节日的法定化，并从新的角度对民俗文化的传承、保护与发扬进行探讨与思考，具有重要意义。

（二）我国传统节日法定化的表现

1. 中国古代将一些节日作为假日

至少在秦朝，官吏已有休假制度，称为"告归"。此后，一直到清代休假制度都作为一项人事管理制度存在着。虽然我国传统社会不同朝代的官吏休假制度有所不同，但一般都包括休沐假、休事假、休病假、休赐假和休节假制度。

节日放假应该从汉代就开始了。《汉书·薛宣传》记载："日至休吏。"即冬至日和夏至日放假，且假期还不止一天。《后汉书·礼仪志》记载："冬至前后，君子安身静体，百官绝事，不听政""日夏至，礼亦如之。"虽然各朝各代的节假长短不一，以哪个节日为假日也有很大不同，但是，总体而言，将一些岁时节日作为文武官吏的假日却是它们共同的特点。需要说明的是，能享受节假的并非只有文武官吏，其他人，如学生、编配囚徒、服役丁夫和工匠等，也有长短不同的节假。例如，宋宁宗时，《庆元条法事类》就规定："役丁夫"，元日、寒食、冬至、腊日各放假一日；"流囚居作"者，元日、寒食和冬至各给假三日。

2.我国现代传统节日法定化的形式

传统节日法定化是指国家或地区以立法的形式对传统节日进行的法律保障。我国传统节日法定化主要体现为以下三种形式：一是将部分传统节日列入法定节假日中，给予其法定节假日的地位。将传统节日列为法定节日是保护传统节日最有效、最直接的方法，直接调动了民众参与感受民俗文化的兴趣，更以法定的形式加强了传统节日的稳定性与传承性。二是将部分传统节日列入国家级非物质文化遗产名录中，由《中华人民共和国非物质文化遗产法》等法律进行保障。2006年经国务院批准，春节、清明节、端午节、七夕节、中秋节、重阳节、傣族泼水节被列入第一批国家级非物质文化遗产名录。2010年，中华人民共和国文化部将中元节列入国家级非物质文化遗产名录。2009年，在联合国教科文组织保护非物质文化遗产政府间委员会第四次会议上，端午节被审议并批准列入"人类非物质文化遗产代表作名录"，成为中国首个入选非物质文化遗产的传统节日。三是以行政法规、部门规章、地方性法规等行政立法形式对传统文化、传统节日的保障。此类文件多从发展传统文化、节日的角度传承、弘扬传统文化，并对发展传统文化、节日的具体措施进行规范。

（三）我国传统节日法定化的历程

传统节日法定化已成趋势。传统节日在很长的一段时间里不受重视，直至2007年我国法定节假日中传统节日由1个增为4个，我国法定节日才开始正式回归传统。2007年，中华人民共和国国家发展和改革委员会委托新华网、人民网、新浪网、搜狐网，就国家法定节假日调整方案有关内容进行了网上问卷调查，调查结果显示，6成网友支持将"五一"国际劳动节调整出的2天和新增加的1天用于增加清明节、端午节、中秋节三个传统节日为国家法定节假日。之后每年"两会"期间关于新增法定节假日的提案也是层出不穷。例如，2019年"两会"期间，全国人大代表、重庆机场集团有限公司董事长谭平川向大会提交了《关于延长和增加中华传统文化特色节假日的建议》，呼吁增设重阳节、七夕节为法定节假日。由调查问卷和关于节假日的提案可知，人们实际上十分希望法定节日回归传统，以增强文化自信，充分感受传统节日的氛围。

二、中国传统节日法定化的现状

自国家法定假日调整以来，传统节日的存续与发展在取得了较大成绩的同时，也面临着新的机遇与挑战。首先，在全民意识和社会心理层面，民俗节日与法定假日的结合，代表着政府对民俗节日的重视和对民俗保护意识的增强，有助于民众对节日的认识和文化内涵的理解；其次，就现实效果而言，传统节日的假日化，为民俗活动在民众中的开展提供了充裕的时间保证；另外，假日经济蓬勃发展，休闲与旅游、娱乐成了繁荣节日市场与文化消费的主要动因。

（一）节日的现代传播手段多样

纸质媒体、电视媒体以及网络新媒体都做出了各自的贡献，其中，电视媒体的影响尤为显著。每年的央视春节晚会、元宵节晚会、中秋节晚会以及地方台的清明节诗会、端午节综艺晚会、重阳节文艺晚会等收视率颇高，民众喜闻乐见。但是，几年后，此类节目创新乏力，困惑日增。

（二）传统节日符号丰富多样

作为年节符号的春联、年画、剪纸、烟花、灯彩等，受到民众的普遍认同，使春节成为中华民族精神家园的重要组成部分，民族文化的凝聚力也由此得到最大程度的体现。同时，传统节日仪式和符号的传承也存在着与现代社会发展不适应的问题，新的节日仪式和符号创新又不明显或者不具有吸引力。

（三）民俗活动逐渐简化，物化倾向加大

在春节吃年夜饭，在元宵节吃元宵，在端午节吃粽子，在中秋节吃月饼，文化节日倾向于"饮食节"；节日的商业运作和炒作明显强化，企业赞助的端午节龙舟，舟身上印着广告；中秋的礼盒月饼年年爆出新高价，以致于国家不得不明令禁止豪华包装并严查高价月饼；传统节日的人文内涵和独特的民俗生活意境，不但未得到明显增强，而且如中秋节的赏月、重阳节的登高、端午节的祛病消灾、全民健身等，正逐渐从人们尤其是年轻人的生活中淡化。

（四）节日假日化

传统节日续写着假日文化的辉煌，见证着假日经济的繁荣。假日文化从产

生之初，就与经济密切相关，与提高生活质量、繁荣假日经济的初衷相一致。出游成为清明节、端午节等传统节日最为热门的活动。出游购物、聚餐本是节庆活动中重要的组成部分，但过于偏重于此，无益于对节日文化内涵的承续。仅以 2013 年的假日调整为例，至少连放 3 天，是假日安排的惯例。这种安排，主要是出于经济的考虑，以方便民众出游和消费。由此，2013 年民众总共要面对一个 8 天的工作周（元旦后），三个 7 天的工作周（春节后、五一前、端午前）和两个 6 天的工作周（清明后、国庆前）。正常生活节奏的打乱与过长的工作时间，引起人们对"假期太累"的抱怨，集中出行会加大铁路客运、高速的压力，景区游客爆满等"假期乱象"凸显。假期安排引起的争议并非首次，如何在假日安排与经济增长之间做权衡，体现对劳动者的人文关怀，成为节假日制度改革的要点。

（五）节日文化的教育和传承情况总体上呈良好态势

青少年对传统节日包括少数民族传统节日具有较高的认知水平。虽然西方节日在我国青少年群体中有较高的认同和参与度，但未与传统节日文化产生明显冲突，基本倾向于传统节日和西方节日并重，在价值和情感上，略倾向于中国传统节日。学校和教师在利用传统节日文化进行教育方面存在较大改进的空间。

三、传统节日法定化背景下传统节日的现代化传播

传统节日有着丰富的内涵，在诸多的民俗背后包含了值得传承的文化财富和思想精髓。但随着社会节奏的加快与物质生活的丰富，出现了这样的局面：一边是对传统民俗的遗忘，另一边是对节日气氛缺失的抱怨，两者交错暴露出人们的矛盾心理。

一直致力于民俗文化保护的冯骥才先生认为，目前仍然可以称得上是"活态"且具有全民性的传统节日，大概只有春节、清明节、中秋节、元宵节、端午节等，其余的都"七零八落"了。越来越多的人忽略了"无假可放"的重阳节，快节奏的现代生活中，有多少人还会登高祈福，游园赏菊，对饮黄酒？ 2012 年 12 月 28 日，全国人大常委会表决通过新修改的《老年人权益保障法》，法律明确规定每年农历九月初九即重阳节，为"老年节"。虽然，重阳节在法律上得到保护，但面对节日习俗淡化、消失的现状，"九零后""零零后"的一代，甚至只能在课本和网络中获得生硬的民俗知识，没有躬行亲历，何谓继承传统，空谈尊老敬老、保护民俗，意义何在？这是一个无可避免的现状。作为农耕文

化产物的传统节日，在这个向城市文明、工业化文明转化的时代，注定有一些节日习俗要被"淡化"。在经济全球化背景下，受各种信息冲击、生活方式变化的影响，我们无暇过多关注节俗的传承；清末以来历史情怀缺失、对传统文化的淡漠势态，仍未完全改善。在四大传统节日已成为国家法定节假日的今天，如何让这些节日不只是假日，如何发扬其文化内涵，使其真正融入民间，是日常研究工作的当务之急。

（一）理顺商业发展与文化传承的关系

如今一提到节日，人们最先想到的是"假日经济"这个词。"消费"在大部分节日里唱主角，每逢假日，厂家、商家推出各种优惠活动，比如，超越了宗教意义的"中国式圣诞节"商业氛围浓厚，商家获得极其可观的经济利益，人们"过节仿佛就是吃大餐、买东西"。但尽管假日经济丰富了市场，拉动了内需，也不应成为节日的"全部"。被经济消费转移了大量注意力的人们，往往会忽略更有意义的节日文化活动。各省市组织安排的节假日期间文化活动越来越多，对强化节日文化底蕴、满足群众精神需求，具有重要意义。

过度的商业化会使民俗节日失去自身内涵与活力，但适当的、合理的商业运作有助于其发展。在充分发掘节日内涵和历史底蕴的基础上，做大节日文化产业，能够带来更加可观的经济效益和社会效益，使其得到和谐统一。在这个过程中，一是要注意以商业为辅，切忌让商业主导节俗文化；二是要做到差异化营销。在商业宣传过程中，抓住每种节俗文化的独有特点，这样既能起到真正的效果，又不会让不同的节俗文化因商业宣传的千篇一律而失去特色。

（二）把握节日符号建设

节日是民族的共同记忆，节日中繁复的仪式、饮食、禁忌，乃至衣物配饰、游艺、竞技项目等特殊的符号，如同我们了解传统文化的钥匙。中国传媒大学的周文提出，传统节日现代传播仪式体系的基本元素应该包括节日符号标志、吉祥物、意象、情境、仪轨等；构成层次则是节日仪式、媒介仪式与节目仪式三者的融合。传统节日的精神文化内涵，应该用怎样的符号与仪式、节日载体和形式来呈现吸引更广大的民众积极参与，是弘扬传统节日文化的重要路径。

任何节日符号都有其特定的意义。例如，端午节民俗纪念物，如菖蒲、艾草、石榴花等用来去除各种毒害、瘴疠的植物，以及香包、雄黄酒、午时水等文化性产物，都属于端午节的文化符号，是可以被保护、展示、开发、创新、经营出来的，这样既有复原的传统纪念物成果，也可以开发出许多包括衣、食、配饰、图徽、音乐、丛书等相关的文化性商业新产品，由此营造的民众的特定文化心理空间相当重要。

其实，我们不缺乏内涵丰富的传统节日，缺乏的是存续传统、与时代交融的过节理念和过节方式。除了所列举的几个重大民俗节日，我们还应更多关注、保护少数民族地区的节日。保护一个民族节日，也就保护了与之相关的衣、食、住、行、民间信仰等一系列民族文化。传承节日文化，任重而道远。

第三节　传统节日法定化的目的与意义

一、传统节日法定化的原因

首先，从文化内涵和民俗学角度来讲，我国的部分传统节日能够法定化。清明节既是人民祭奠祖先、缅怀先人的宗亲节日，又是一个远足踏青、亲近自然、催护新生的春季仪式，是中华儿女共同认祖归宗的重要节日，是一条维系海内外华人思想情感的文化纽带。端午节既有为迎接炎夏、预防疾病的插艾草、熏香等习俗，又有为祭祀伟大爱国诗人屈原和吃粽子、赛龙舟等习俗，有利于弘扬爱国主义精神。中秋节，人们将月圆与团圆联系起来，亲友团聚成为中秋节最重要的主题，象征团圆的月饼则是中秋节最重要的礼品。因此，清明节、端午节、中秋节这些节日既具有丰富的文化内涵和民俗活动，又是全民性节日，在中国传统节日中具有重要的地位，具备了法定化的条件。

其次，从文化保护和旅游发展的角度来讲，我国的传统节日需要适当法定化。由于我国农耕文明的被边缘化、受西方节庆文化的冲击和长期以来传统节庆文化教育和传承的缺失等，我国的传统节庆文化正在逐渐地衰落和被边缘化。另外，目前传统节日的旅游开发缺乏对传统节庆文化的深度挖掘和有效利用，使传统节庆旅游表面化、形式化、局部化。

最后，法定化是我国传统节日保持生命力的有效途径之一。节日法定化对于传统节日的保护和传承大有裨益。传统节日法定化会强化人们的节日观念，而且这些节日假期会给予人们足够的闲暇去体验和完成传统的民俗活动，如清明节的祭祖扫墓、端午节的祭祀和观看龙舟赛、中秋节的家人团聚赏月等。同时，假日的旅游效应早在"黄金周"盛行时就已明显体现出来。

二、传统节日法定化的目的与积极意义

节日民俗是文化认同的重要方式，是民族文化的一种标记，对于一个群体

的文化传承，对于民众的团结和睦，对于社会的安定，其意义均非同寻常。将传统节日定为法定假日，是彰显文化价值、强化文化记忆、延续文化遗产、推动文化和谐的盛举，其意义十分重大。

（一）实现中国传统文化的尊重和回归

将传统节日纳入国家法定假日，是对中国传统文化尊重和回归的体现。中国传统文化是我们精神家园的重要组成部分。但是近年来，一些"洋节"越来越成为时尚，传统节日反倒被人们特别是青年人淡忘。事实上，每一个传统节日的背后都有着丰富的传统文化，传统节日成为法定假日后，在某种意义上讲能更多地唤起大家对传统文化的重视，从而更好地促进传统文化的回归。年轻人喜欢朝气蓬勃的事物，于是比中国传统节日更能释放激情的西方节日便受到年轻人的青睐。他们追求个性，而西方节日正好满足了他们的需求。这一现象说明中国传统节日实质上的内涵没有被挖掘出来，或者说传统节日在现代社会没有被重视。节假日的调整呼吁人们去体验节日文化，让他们有充足的时间准备，使人们暂时放下紧张的工作，能够与亲人团聚，去感受那些渐行渐远的风俗习惯和接受传统文化的熏陶，通过传统节日所蕴含的文化来增强道德感与责任感。

中国的传统节日不仅仅是停留在表面上的节日气氛，更重要的是通过人们的交流沟通赋予这些节日以一种特殊的价值、特殊的情感内涵和情感需求。现在的四大节假日——春节、清明节、端午节、中秋节是最具有广泛性和代表性的。春节突出传统辞旧迎新、祝福团圆平安。清明节突出纪念先人、缅怀先烈。端午节突出人和自然的和谐共处。中秋节突出团结、团圆、丰收的节日气氛。节日回归使人们在各种各样的节俗活动中感受到真正意义上的"节味"。

（二）继承和发扬民族优良文化传统

就上述几个传统节日来说，每个都承载着深厚的人文气息，有着不可替代的民族集体情怀。毫无疑问，清明节、端午节、中秋节成为国家的法定节日，对于传统文化的弘扬，能起到积极的作用。

将传统节日法定化能让人们有更多时间陪在亲人身边，有了时间保障，人们才可能重新拾起对于传统节日的记忆，才可能亲自体验传统民俗的丰富内涵，让人们更多地对传统节日有认同感。有了时间保证，人们才能不会因为忙于工作而无暇过节。如果不过节，久而久之，习俗将被淡忘，文化传承也会中断，文化也就失去了自己的根。

同时，现在人们已经意识到了我们的传统文化没被保护好、没被传承好的情况，久而久之人们会对过节失去兴趣和关注，很多习俗和仪式会逐渐地被淡忘甚至失传，过节的氛围也会越来越淡。所以，将传统节日法定化能对弘扬传统文化起到积极的作用，慢慢地让人们重温"节味"，从中能主动地改造和吸收传统文化，从传统文化资源中寻找能够提升民族精神的东西并把它发扬下去。

（三）构建和谐社会，树立中华民族和平崛起的形象

组织和参与春节、清明节、端午节和中秋节等最具广泛性和代表性的节庆活动，可以增进人与人之间的交流和沟通。将传统节日法定化能让人们有更多时间陪在亲人、朋友身边，增进了解、加强认识，使家庭关系、邻里关系等更和谐。传统节日的意义就在于它让人们聚在一起去体验中国的文化内涵和民族意识，拉近彼此的距离。

同时，将传统节日法定化能使人民的基本文化权益得到更好保障，满足人们精神文化的需要。过节不仅要提供文化场所、文化设施，还要有时间保障，让人们在节日的气氛中能尽情感受到文化的氛围和精神上的享受，从而积极地参与到传统节日的建设当中，促使社会文化生活更加丰富多彩，使人们的精神风貌更加意气风发，由此可以推动国家经济的发展和社会的全面进步，推进社会主义和谐社会建设。

除此之外，传统节日是一种隆重庆祝的标志性民族文化，能够显著地体现民族文化特色，它能强烈影响其他民族对中华民族特色文化的关注和认识，是其他文化群体认知我们民族特色文化的一个便利的窗口。传统节日的法定化，可使各地华人拥有更为和谐一致的文化空间，共同的节日习俗产生的文化认同，有利于把我们凝聚在一个具有和谐文化的社群之内，体会到属于同一个族群的文化认同感。传统节日作为一个良好的载体，表现了中国人的处世精神，对我国的国际形象，起到了重要的作用。

（四）传承民族文化，增强民族自信，提高民族凝聚力

中国传统节日是中国人哲学、美学、伦理朴素科学思想与饮食文化习惯的集成体，不仅具有厚重的文化底蕴，还是维系民族情感的纽带。传统节日作为一种公共文化，能够稳定社会与伦理关系，在高节奏的现代社会，传统节日营造的团圆氛围让大家相聚，在其乐融融的氛围中，中华民族不仅体现了对小家的维护与亲友关系的巩固，还表达了对文化传承的态度。

民族文化及其认同是国家认同的基础以及维系民族和国家的重要纽带，也是国民凝聚力之所在。传统节日将其深厚的文化底蕴、承载的象征意涵和内涵价值作为增强民族文化认同感、民族凝聚力的重要支撑。传统节日以其群众喜

闻乐见、非强制性的节日活动潜移默化地增强了民众对本民族文化的认同。民族性显著的传统节日能借助各种庆祝活动，超越民族、时间、年龄、空间和阶级的限制，增强各民族、各地区、各年龄阶段人们的联系与交流，从而提高中华民族的凝聚力。

（五）加强对社会主义核心价值观的认同、理解、培养与践行

对于社会主义核心价值观与传统节日，其部分内核实质是相互吻合的，如社会主义核心价值观中的"爱国"与端午节中的"爱国主义情怀"不谋而合。传统节日具有丰厚的群众基础，社会主义核心价值观可借助传统节日的特性与群众基础，使民众自觉接受社会主义核心价值观的精神实质。

此外，传统节日具有丰富的实践形式，形式多样的特色节日活动能使民众在喜闻乐见的群众活动中提高道德修养，涵养心理情感，特别是能够引导青少年形成正确的世界观、人生观与价值观。各种节日习俗在一定程度上影响人们日常的公共行为。传统节日可凭借丰富的实践形式潜移默化地培育与践行社会主义核心价值观。因此，从弘扬民俗文化、增强民族文化自信的角度来看，有必要进一步加强对传统节日的立法保护，在中国文化海纳百川的同时，也要保证传统的精粹特色文化不被流失。

（六）有利于文化遗产的保护

现在是经济全球化的时代，又是文化多元化的时代。传统节日正是民族文化最集中的体现，是最活跃和最有生命力的部分。传统节日既有物质文化的存在，又有非物质文化的表征，是一个综合的文化体系。而且，对任何文化遗产的保护而言，活态的保护远胜于静态的保护；大众参与的保护，远胜于单个传承人的保留。传统节日正是通过大众共同参与的方式，使这份宝贵的遗产得到生生不息的传承。

中国艺术研究院研究员苑利、北京联合大学教授顾军在《传统节日遗产保护与我们应该秉承的原则》一文中提出，传统节日的保护重点是两个：一是传统节日所传承的物质文明，二是传统节日所传承的精神文明。传统节日文化遗产保护的基本原则是"有形化"原则、以人为本原则、整体保护原则、活态保护原则。有形文化遗产与无形文化遗产在自身状态和保护方式上都完全不同，如果把前者比喻成鱼干，后者则是一条活鱼。前者的保护方式主要是防腐，而后者的保护方式主要是养生。将无形文化遗产接受并记录下来，固然重要，但说到底，将无形文化遗产做成标本存入博物馆或是资料库并不是我们的最终目的，我们的真正目的是想让这些无形文化遗产像水中之鱼一样，永远畅游在中

国文化的海洋里，生生不息，永无穷尽。传统节日的保护正需要这样一种理念。传统节日成为法定假日，正是通过全民参与的方式，使文化遗产永远成为"活态"的物质财富与精神财富。

总而言之，我们保护传统节日遗产，将传统节日设为法定假日，一方面是为了留住传统，确保中华民族的文化记忆得以代代相承；另一方面是为了合理地利用传统节日。从某种意义上来说，中国传统节日被纳入法定假日是一大进步。有了法定假日，人们有更多的时间和精力来审视传统节日，发掘其丰富的文化内涵，传承文化内涵，也可以提高国民保护传承传统文化的意识。国家对节假日的调整就是为了让人们能有充裕的时间挖掘传统节日的文化内涵和精神价值。

第四节　民俗文化视角下传统节日法定化的具体实施

传统节日成为法定节假日，是我们对传统文化有更深刻认识后的举措，也是符合整个民族的追求和价值取向的。但是，这一举措从规定层面来说，只是解决了大众的休息权问题，并为文化的弘扬提供了可能性。而要真正使其具有的文化意义落到实处、得到体现，还有赖于我们对传统节日，特别是对春节、清明节、端午节、中秋节四大节日文化内涵的认识与挖掘。

一、传统节日面临的现实问题及其原因

随着人们生活水平的普遍提高，近年来，人们普遍反映现在"年味儿"越来越淡了。有的年轻人简单地认为：清明节就是扫墓，端午节就是吃粽子，中秋节就是吃月饼。与此同时，各种非法定节假日的"洋节"却搞得红红火火，有人戏称："汤圆"动辄败给"玫瑰"。这些都涉及对春节、清明节、端午节、中秋节，以及其他中华民族传统节日进行充分了解并挖掘其文化内涵，使我们的传统节日越来越受到人们的喜爱，使我们的传统节日文化越来越兴盛的问题。

"年味儿"越来越淡的说法已经流行多年。的确，无论城乡，传统节日的影响都在消退，这是当代社会处在全面变革过程的现实。对于这一现象，我们要客观辩证地分析。一方面，我国由传统农业社会体系进入现代工业文明体系，传统节日在现代生活中的实在辅助意义已明显消退，传统节日地位的下降是可以理解的。另一方面，如果研究社会生活史和节日演变史，我们就会发现，人们追求生活和谐、闲适，满足精神需要的本性是不会改变的。因此，传统节日

的变化只能是一定程度上的，或者是形式上的变化。正因为如此，我们既要勇于正视传统年节的状况，又不要把这种情况无限夸大。

二、挖掘传统节日的民俗文化内涵

基于上述问题，应该怎样挖掘传统节日的文化内涵呢？下面我们以春节为例进行具体分析。

（一）春节的民俗文化内涵

第一，要从年节产生的源头来寻找文化内涵的根基。春节，是现代人对夏历（农历）新年的称呼。正月初一在古代被称为"元旦"，也称为"三元"，即"岁之元，时之元，月之元"。其意思是：这一天是新年的开端、新季节的开端和新月份的开端。春节既反映了太阳和月亮运动规律，也反映了中华民族传统的核心价值观念——阴阳和谐，还反映了我们民族对于顺应天地自然的人生境界的向往。

第二，要从年节的全过程进行考察，以破解其文化的丰富性。春节的各项活动主要包括两个方面：辞旧岁，迎新年。广义的春节是指从腊八节到元宵节，相关的民俗活动非常丰富：从腊月初八的喝腊八粥、腊月二十三的祭灶、除夕守岁、初一拜年、初五"破五"迎接财神、初七戴人胜，一直延续到正月十五的猜灯谜。过年行事尽管纷繁复杂，但文化内涵则集中在三个方面：一是有关过年者主体自身物质及精神需求；二是为协调和加强现实人际关系；三是反映人天关系，也就是人与超人的、神秘的天神和鬼怪世界关系。

第三，对年节的重点民俗事项做深入剖析，解读其社会功能和文化象征意义。例如，春联、年画都起源于古代驱鬼辟邪的习俗，现代发展为表达喜庆吉祥意愿的民间艺术。年夜饭又称团圆饭，是人们对于生活幸福的最基本要求：合家团圆，人人平安。除夕守岁包含着人们对美好未来的强烈期待。放爆竹的原始目的是驱逐鬼怪或迎接神明，后以强烈的喜庆色彩发展为辞旧迎新的象征符号，成为最能代表新年时刻到来的民俗标志。年糕和饺子是最具代表性的新年食物，表达人们对未来的美好期待。春节祭神、拜祖、拜年，是对人神关系、人伦关系的重新确证，即对人类作为一个文化存在的确证。海外华人通过春节民俗活动重新确证自己是一个中国人。

第四，对于年节事项的禁忌分析，可以清晰了解中国人的心理追求。由于春节是除旧布新的日子，所以春节的一切行为（包括日常行为）也都具有象征性、仪式性。春节时住的房子要除尘和装饰一新，穿的衣服也必须是全新的，据说这样才有美好的新生活。吃的饭要有剩余，以求"年年有余"。对于春节的"铺张浪费",简单地斥之难以奏效,因为还存在文化的象征:未来的生活要像春节一样丰盛。春节要讲吉利话,孩子打碎了碗也不能责备,要说"碎碎(岁岁)平安",这既是过年禁忌,又包含着禳解方法,是对万一不慎出现失误的补救措施。

(二)清明节的民俗文化内涵

与其他传统节日相比,清明节有三个特点:一是兼有节气与节日两种身份,二是以户外活动(扫墓、踏青等)为主,三是兼有肃穆(在扫墓祭奠活动中的悲伤)与欢乐(在踏青等游玩活动中的愉悦)两种情感氛围。这种特色的形成与其来源密切相关,因为清明节是"清明"节气、寒食节、上巳节三者融合而成的节日。这一时间的拐点是在唐代,王维的《寒食城东即事》诗句"少年分日作遨游,不用清明兼上巳",是清明节气、寒食节气与上巳节气三者融合为一体的有力佐证。

自唐宋以来,清明的民俗活动之丰富在中国传统节日中足以和春节比高下。清明的民俗活动可以分为以下三部分。

1. 祭祀

清明祭祀的参与者是全体国民,上至君王大臣,下至平民百姓,都要在这一节日祭拜先人亡魂。从唐朝开始,朝廷就给官员放假以便归乡扫墓。祭祀的对象是祖先和去世的亲人,表达祭祀者的孝道和对死者的思念之情。祭祀的时间在清明前后,一般是"前三后四",最多不超出"前七后八"。祭祀的场所可分为墓祭、祠祭,以墓祭最为普遍。还有的远离家乡在外,就在山上或高处面对家乡方向遥祭。祭祀的方式或项目各地有所不同,常见的是整修坟墓、挂烧纸钱、供奉祭品。

2. 春游活动

旧时,清明的春游场景非常盛大热闹,游乐活动在清明节俗中占有重要位置,几乎与祭祀平分秋色。明代的《帝京景物略》就记载了扫墓与郊游并不相悖的情形:"三月清明日,男女扫墓……哭罢,不归也,趋芳树,择园圃,列坐尽醉。"传统的春游活动有:踏青,是指脚踏青草,在郊野游玩,观赏春色;挂饰,有折柳、戴柳、赠柳的习俗,因据说柳枝有辟邪的功能;放风筝,古人认为清明很适合放风筝,放风筝可以放走自己的秽气;荡秋千,由于清明荡秋千(图5-4-1)随处可见,元明清时期遂定清明节为秋千节;拔河,拔河发明于春秋后期,开始盛行于军中,后流传于民间,唐玄宗后成为清明习俗的一部分。此外,清明节的传统游戏还有踢球、斗鸡等。

图 5-4-1 清明荡秋千

3. 节令食品

清明节时，各地有不同的节令食品。由于寒食节与清明节合二为一，一些地方保留着清明节吃冷食的习俗。很多地方在完成祭祀后，将祭祀食品分着吃。此外，各地还有不同的清明节饮食风俗，如上海的吃青团、浙江湖州的吃粽子等。浙江省桐乡市河山镇有"清明大似年"的说法，清明节之夜全家团圆吃晚餐，饭桌上少不了几样传统菜：炒螺蛳、糯米嵌藕、发芽豆、马兰头等。

（三）端午节的民俗文化内涵

端午节风俗在中国广泛流传，根据汉文典籍的记载和后人的研究，端午节的来历比较有影响的说法大致有：源于古时的"兰洛"，源于古时的夏至日，本是古代吴越先民祭祀龙图腾的节日，与纪念历史人物（如屈原、介子推、伍子胥、曹娥等）有关。一般来说，与自然物有关的可能发生在前，与人物有关的可能发生于后。秦汉以后，由于屈原的人格及其辞赋的深刻影响，端午节源于纪念屈原一说广泛传播，逐渐为大多数民众所接受。

端午节俗有两大主题：一是消灾避疫，二是悼念屈原。这两大主题自六朝之后，如果细分一下，一直存在于端午节俗之中，服务于民众的生活。如果再细分一下，一直存在于消灾避疫的节俗社会之中，追悼屈原的传说同样流传全国，但一般集中在知识阶层，当然在两湖地区人们纪念屈原的色彩更浓。传统端午节俗有三类：一是佩艾采药，辟疫得健；二是裹粽竞渡，祭神与纪念屈原；

三是斗草送扇，归省探亲。正如大家所熟悉的，在汉族地区，民间大多有赛龙舟、食粽子、饮雄黄酒、挂香花、戴香包、插菖蒲、斗百草（图5-4-2）等风俗活动。

图 5-4-2　斗百草

（四）中秋节的民俗文化内涵

中秋节是传统大节，地位仅次于春节。中秋之夜是一年中最迷人的月夜，古人就有诗句："一年月色最明夜，千里人心共赏时。"（宋代林光朝）秋高气爽，丹桂飘香，天上明月，人间情怀，是何等的生动自然、令人陶醉。其实，在中国的四大传统节日中，中秋节形成最晚，在汉魏节俗日体系形成时期尚无踪迹，唐宋时期以赏月为中心节俗的中秋节日出现，明清时上升为民俗大节。

不过，中秋节的源头可追溯到古老的月亮天体赏析，唐代虽没有中秋节，但中秋赏月、玩月已成为时尚。宋代中秋节已成为民俗节日。由于唐代人精神浪漫、气象恢宏、亲近自然，吟月多是河山壮美，友朋千里，邀赏明月，诗酒风流。宋代人则常对月感物，多愁伤怀，以阴晴圆缺喻人情世态，发出"此生此夜不长好，明月明年何处看"的感叹。但中秋又是世俗欢愉的节日，"贵家结饰台榭，民间争占酒楼玩月"，取消例行宵禁，夜市通宵营业，玩月游人，达旦不绝。明清之后，社会生活的现实功利因素突出，当时节日中世俗的情趣日益浓厚，中秋节俗主要体现在以下几个方面：祭月、拜月，庆祝丰收；分享、馈送"团圆饼"；南方地区普遍流行中秋子习俗，还有燃宝塔灯习俗：有的用镂瓜做灯其形似月，有的用红柚皮雕刻各种人物花草，中间安放琉璃盏，红光四射；还有的是儿童堆砌瓦砾做浮屠（佛塔），中置薪柴，点燃后"四面玲珑，如火树"。不论节俗如何演变，中秋节的主旨是亲朋团圆庆贺，尤其重视"花好月圆"时的夫妇团圆。

总之，中国传统节日有深厚的文化内涵，春节的欢庆、清明节的踏青、端午节的临水而祭、中秋节的赏月，已成为民众节日活动的重要习俗，所承载的文化意蕴不仅存在于传统社会中，在当代社会依然有活力，在未来社会也会被不断传承。

三、传统节日应该面对和适应中国社会的变革

中国社会的变革对传统节日休假造成了明显的冲击，表现在两个方面：一是城市化的进程，二是乡村人员远离家乡务工带来的影响。城市化进程对于社会的进步和经济的发展显然是有益的，但是对以农业文明为基石的中国传统节日的削减也是相当强的。江西省社会科学院研究员余悦在《民俗文化与当代都市生活》一文中指出："在岁时民俗的消长中，传统年节事项的演进与转化、'洋节'的接受与化用、人造节日的纷至沓来，这些年显得特别突出。"在中国汉族的传统节日中，除春节、元宵节、清明节、端午节、中秋节、重阳节外，有相当一部分节日在都市已经很少有人问津。就连中国最重要的民俗节日——春节，近些年也常被质疑：为什么年味越来越淡了？甚至有学者提出保卫春节的口号。

近年来，春节的民俗事项也发生了很大的变化。例如，年夜饭由自家宅室挪到了饭店宾馆；年夜饭前的祭祖仪式大多淡化或休止；煮隔年陈饭以象征年年有余，几乎被废弃；燃点红烛、支起撑门棍、通宵守岁的习俗，已被观看央视春节晚会取代。与此同时，带有域外风情甚至某种宗教色彩的西洋节日跻身于中国都市生活中。"洋节"的传入丰富了中国都市的岁时生活，但随之而来的保护本民族的传统节日，不因"洋节"挤压而淡化，成为保持我国文化多样性和文明延续性的一个重大现实问题。随着中国城市化进程的发展，这种"城乡差别"将会越来越明显。

同时，农村的人员结构也在发生变化，越来越多的青壮年到城市和其他地方务工，除了春节长假，其他时间的短假他们很难再回到故乡庆贺，他们的生活带有城乡两地的印记。对于这种情况，有专家、学者已经关注到，中国民俗学会名誉理事长乌丙安教授指出："几千年来中国长期处于自给自足的农耕经济，农民很少离开家园。即使在外，过年要祭祀、要团圆，不管千难万难也要回家。但出于种种原因，又总有一部分人不能回家过年。千百年来，那些行商的、闯关东的、走西口的人，到了过年时不能回家，都是撮土为香，向家乡方向遥

叩父母，算是拜年尽孝。中华文明一直倡导扶危济困、互相帮助，本地居民对在外过年的人也格外热情、豪爽大方。""随着市场经济的发展，越来越多的人过年过节要坚守岗位，也有不少农民工因为特殊情况滞留在外，党和政府重视民生，全社会也要发扬优良传统，嘘寒问暖，体贴备至，让在外过年的人有回家的感觉，过上一个祥和的春节。"

四、传统节日应有新的文化载体与创新

传统节日被纳入法定节假日后，要防止"复制古董"，要对传统民俗去粗取精、去伪存真，在传承传统民俗文化的基础上，要根据时代特征，进行文化载体和活动的创新。一是对活动空间的创新。传统节日活动应从以家庭为主体走向以社区为重点；应从以室内为主体走向以室外为重点。二是对旧有内容的创新。有专家建议，端午节可以从卫生、体育、文艺三方面发展节俗：可以由原来的送灾驱疫保平安的活动发展为全民的卫生活动，把爱国卫生日设在此日；以举办各种层次、各地区的龙舟比赛为核心，推动民间群众性的体育活动，激发节日热情；可以由吃粽子、纪念屈原发展为设立诗歌节，推动诗歌的创作、唱诵。三是对表达方式的对接与创新。例如，中秋节应发展为富于浪漫格调与狂欢精神的月下活动，如歌舞、饮酒、赋诗、游园、赏灯、逛夜市等，以增强和拓展其浪漫格调与娱乐功能。四是提炼、开发、延伸节日纪念物，用于布置节日文化空间，营造浪漫欢快的节日氛围。"节日纪念物本是节日习俗的基本元素，但在古代社会，它们是与农业文明和传统生活浑然一体的，作为纪念物的意义就不显著。在现代社会，这些看起来有些'老旧'甚至奇异的东西，就成为人们纪念、怀恋过去生活方式和历史文化传统的寄托物，也成为装饰节日文化纪念物空间、刺激节日文化消费的重要手段和渠道。"传统节日的文化载体与创新，需要理论的探讨，更需要实践的探索。

总之，传统节日更多地进入国家法定假日是一个良好开端，是增强文化综合力和文化"软实力"的有益举措。只有中国优秀传统文化得以传承和弘扬，我们才能在经济全球化浪潮中坚守住自己的精神家园，在文化多样性中闪现出民族文化的光彩，在世界的竞争中永远有中华民族伟岸的雄姿。

参考文献

［1］萧放，张勃. 中国节庆 [M]. 上海：上海古籍出版社，2010.

［2］崔钟雷. 中国传统节日民俗 [M]. 哈尔滨：哈尔滨出版社，2008.

［3］黄健，翁志实. 传统节日 [M]. 福州：福建科学技术出版社，2010.

［4］赵东玉. 中华传统节庆文化研究 [M]. 北京：人民出版社，2002.

［5］陈久金，卢莲蓉. 中国节庆及其起源 [M]. 上海：上海科技教育出版社，
1989.

［6］仲富兰. 中国民俗文化学导论 [M]. 杭州：浙江人民出版社，1998.

［7］乌丙安. 民俗文化新论 [M]. 沈阳：辽宁大学出版社，2001.

［8］李逸安. 节日习俗 [M]. 北京：人民文学出版社，2006.

［9］葛新. 论中国传统节日文化的价值与重建 [J]. 中共济南市委党校学报，
2007（1）：89-90.

［10］肖琴. 论中国传统节日文化的传承与创新 [J]. 船山学刊，2009（1）：
107-110.

［11］王文章，李荣启. 中国传统节日的文化内涵 [J]. 艺术百家，2012，28（3）：
5-10.

［12］苗瑞丹. 传统节日的文化价值与功能探究 [J]. 中国特色社会主义研究，
2016（2）：67-72.

［13］《弘扬节日文化研究》课题组，李心峰. 中国传统节日的传承现状与发展对策
[J]. 艺术百家，2012（3）：1-4.

［14］黄涛. 开拓传统节日的现代性 [J]. 河北大学学报（哲学社会科学版），
2008（5）：11-16.

［15］萧放. 传统节日的复兴与重建之路 [J]. 河南社会科学，2010（2）：
44-46.

［16］侯忠昊. 传统节日的历史记忆与现代性构建 [D]. 恩施：湖北民族大学，
2019.

［17］景俊美. 中国传统节日在当代的精神价值 [D]. 北京：中国艺术研究院，
2013.

［18］李魏达. 中国传统节日思想政治教育功能开发利用研究 [D]. 湘潭：湖
南科技大学，2013.